AS CLÁUSULAS ESCALONADAS DE MEDIAÇÃO E ARBITRAGEM

Acesso à justiça e desjudicialização
das relações contratuais

MARIA ISALETE DOS SANTOS BARRETO

Prefácio
Paulo Sérgio Velten Pereira

AS CLÁUSULAS ESCALONADAS DE MEDIAÇÃO E ARBITRAGEM

Acesso à justiça e desjudicialização
das relações contratuais

Belo Horizonte

2023

© 2023 Editora Fórum Ltda.

É proibida a reprodução total ou parcial desta obra, por qualquer meio eletrônico, inclusive por processos xerográficos, sem autorização expressa do Editor.

Conselho Editorial

Adilson Abreu Dallari
Alécia Paolucci Nogueira Bicalho
Alexandre Coutinho Pagliarini
André Ramos Tavares
Carlos Ayres Britto
Carlos Mário da Silva Velloso
Cármen Lúcia Antunes Rocha
Cesar Augusto Guimarães Pereira
Clovis Beznos
Cristiana Fortini
Dinorá Adelaide Musetti Grotti
Diogo de Figueiredo Moreira Neto (*in memoriam*)
Egon Bockmann Moreira
Emerson Gabardo
Fabrício Motta
Fernando Rossi
Flávio Henrique Unes Pereira
Floriano de Azevedo Marques Neto
Gustavo Justino de Oliveira
Inês Virgínia Prado Soares
Jorge Ulisses Jacoby Fernandes
Juarez Freitas
Luciano Ferraz
Lúcio Delfino
Marcia Carla Pereira Ribeiro
Márcio Cammarosano
Marcos Ehrhardt Jr.
Maria Sylvia Zanella Di Pietro
Ney José de Freitas
Oswaldo Othon de Pontes Saraiva Filho
Paulo Modesto
Romeu Felipe Bacellar Filho
Sérgio Guerra
Walber de Moura Agra

FÓRUM
CONHECIMENTO JURÍDICO

Luís Cláudio Rodrigues Ferreira
Presidente e Editor

Coordenação editorial: Leonardo Eustáquio Siqueira Araújo
Aline Sobreira de Oliveira

Rua Paulo Ribeiro Bastos, 211 – Jardim Atlântico – CEP 31710-430
Belo Horizonte – Minas Gerais – Tel.: (31) 99412.0131
www.editoraforum.com.br – editoraforum@editoraforum.com.br

Técnica. Empenho. Zelo. Esses foram alguns dos cuidados aplicados na edição desta obra. No entanto, podem ocorrer erros de impressão, digitação ou mesmo restar alguma dúvida conceitual. Caso se constate algo assim, solicitamos a gentileza de nos comunicar através do *e-mail* editorial@editoraforum.com.br para que possamos esclarecer, no que couber. A sua contribuição é muito importante para mantermos a excelência editorial. A Editora Fórum agradece a sua contribuição.

Dados Internacionais de Catalogação na Publicação (CIP) de acordo com ISBD

B273c	Barreto, Maria Isalete dos Santos As cláusulas escalonadas de mediação e arbitragem: acesso à justiça e desjudicialização das relações contratuais / Maria Isalete dos Santos Barreto. - Belo Horizonte : Fórum, 2023. 171 p. ; 14,5cm x 21,5cm. ISBN: 978-65-5518-523-2 1. Direito. 2. Conflito. 3. Acesso à justiça. 4. Contratos. 5. Cláusula escalonada de mediação e arbitragem. 6. Desjudicialização. I. Título. CDD: 340 CDU: 34
2023-715	

Elaborado por Vagner Rodolfo da Silva – CRB-8/9410

Informação bibliográfica deste livro, conforme a NBR 6023:2018 da Associação Brasileira de Normas Técnicas (ABNT):

BARRETO, Maria Isalete dos Santos. *As cláusulas escalonadas de mediação e arbitragem*: acesso à justiça e desjudicialização das relações contratuais. Belo Horizonte: Fórum, 2023. 171 p. ISBN 978-65-5518-523-2.

À minha mãe, por implantar a cultura dos estudos no seio familiar. À minha filha Isabella Angelo Barreto e ao meu filho Ely Angelo Batista Júnior, pelo amor e pela compreensão das vezes que abdiquei das brincadeiras e dos momentos de construção juntos para me dedicar a esta empreitada.

AGRADECIMENTOS

A Deus, pela proteção divina em todos os momentos, por iluminar meu caminho e me dar forças para continuar seguindo.

Aos meus familiares, que foram imprescindíveis para a realização desta conquista, em especial à minha amada mãe, Antonia dos Santos Barreto, mulher valorosa, que sempre cultivou o amor aos estudos em nossa família.

Ao meu querido padrasto, Francisco Alves Passos, pois sem ele eu não chegaria até aqui.

Aos meus filhos, Isabella e Ely Jr., minhas preciosidades e inspirações, por estarem junto a mim, apoiando, torcendo, acreditando, sempre carinhosos e compreensivos, além de me concederem mais tempo para os meus estudos, renunciando aos nossos momentos de lazer e brincadeiras.

Ao meu marido, Ely Ângelo Batista, pela compreensão, parceria e auxílio nos momentos mais críticos para a conclusão deste trabalho.

A todas as crianças da minha família, em especial, aos meus queridos sobrinhos Lara Fernanda, Pedro Venâncio, João Henrique, Luís Heitor, Camilla e Joaquim, que, como meus filhos, são preciosidades e fontes de inspiração.

Às minhas amadas irmãs Rejane e Socorrinha e ao meu amado irmão Gilmar (Miranda), pela força, fé, motivação e amor – essenciais para continuar o percurso.

Ao meu querido primo Eumar (Simiro), por acreditar, apoiar e sentir alegria com as minhas conquistas.

Aos queridos primos Benedito (Bibiu) e Manoel Francisco (Tico), in memoriam, vítimas da Covid-19, por terem sempre demonstrado alegria pelas minhas conquistas. Esta certamente seria mais uma delas.

Ao querido amigo Washington, que foi o maior incentivador para essa empreitada, fazendo-me acreditar que seria possível e encorajando-me a seguir firme.

Às minhas amigas queridas Necilma e Roseth, que torceram verdadeiramente pela minha conquista e que também exerceram o papel de motivadoras quando tudo parecia distante.

Aos amigos da Turma do Mestrado 2020, todos eles, em especial, Sarah Sousa Saad, Lidiane Melo, Ronaldo Soares Mendes, Marco Adriano Ramos Fonseca, Elder Goltzman e André Nogueira, pelo compartilhamento do saber e pelo acolhimento, em tempos tão difíceis (pandemia provocada pela Covid-19), em que o esforço se tornou exageradamente árduo para a conclusão da caminhada.

Ao meu orientador, Prof. Dr. Paulo Sérgio Velten Pereira, a quem muito estimo, respeito e admiro, pelos direcionamentos na condução desta pesquisa.

À Coordenação e aos Professores do Programa de Pós-graduação em Direito e Instituições do Sistema de Justiça, pela condução do programa e pelo compartilhamento do saber, respectivamente.

À Joseane de Jesus Corrêa Bezerra, juíza de direito e coordenadora do Centro de Conciliação e Mediação de Família, pela benevolência e pelo crédito.

Aos amigos do trabalho, em especial à Angela Rodrigues, pela compreensão, apoio e crédito.

Ao magistrado e amigo Alexandre Lopes de Abreu, a quem sou muito grata, pois ele me apresentou o mundo dos meios adequados de solução de conflitos e me encorajou a mergulhar sem medo nesse universo.

Ao meu querido amigo Júlio Cervantes Galvão Cuiñas Alvarez, Prof. de Filosofia da Univesidade Estadual do Maranhão, por ter acreditado em mim quando eu ainda não imaginava o que poderia realizar.

E a todos aqueles que voluntária e involuntariamente contribuíram para esta conquista.

"O conflito é um sinal de que existem verdades mais amplas e perspectivas mais belas."
A. N. Whitehead

SUMÁRIO

PREFÁCIO
Paulo Sérgio Velten Pereira.. 15

INTRODUÇÃO 17

CAPÍTULO 1
O CONFLITO E SUAS CONCEPÇÕES 23
1.1 Do conflito 28
1.1.1 Concepção do conflito em uma perspectiva tradicional (negativa) 32
1.1.2 A transformação cognitiva do conflito na perspectiva contemporânea (positiva) 36

CAPÍTULO 2
A RESOLUÇÃO E PACIFICAÇÃO DOS CONFLITOS E O ACESSO À JUSTIÇA 41
2.1 Do acesso à justiça: conceito e histórico 42
2.2 Acesso à justiça e os meios de resolução e pacificação dos conflitos 50
2.2.1 Autotutela 55
2.2.2 Autocomposição 56
2.2.3 Heterocomposição 60
2.3 Os meios adequados de solução de conflitos e a diversidade dos mecanismos 62
2.3.1 Mediação 68
2.3.2 Arbitragem 71

CAPÍTULO 3
A DINÂMICA DAS RELAÇÕES CONTRATUAIS 79
3.1 Direito dos contratos: mutabilidade no tempo e no espaço 80

3.2	As relações contratuais de longa duração e os mecanismos de solução de conflitos	87
3.3	As relações contratuais no contexto da Covid-19	93

CAPÍTULO 4
AS CLÁUSULAS ESCALONADAS DE MEDIAÇÃO E ARBITRAGEM .. 101

4.1	Conceito e metodologia	102
4.2	As vantagens das cláusulas escalonadas de mediação e arbitragem	106
4.3	As cláusulas escalonadas de mediação e arbitragem como mecanismo de desjudicialização	111

CAPÍTULO 5
ANÁLISE INTERPRETATIVA DA PESQUISA 121

5.1	Método de abordagem	122
5.2	Método de procedimento	123
5.3	Técnica de pesquisa	125
5.4	Hipótese e estratégia de pesquisa	126
5.5	Análise dos dados e resultados	127
5.5.1	Poder Judiciário	128
5.5.1.1	Escola da Magistratura do Estado do Maranhão: concepção do conflito	128
5.5.1.2	Fórum Desembargador Sarney Costa	130
5.5.1.3	Dados do Sistema de Informação: Processo Judicial Eletrônico (PJE)	132
5.5.2	Câmaras de Mediação e Arbitragem	133
5.5.3	Interpretação dos resultados	135
5.5.3.1	Ambiente judicial	135
5.5.3.2	Ambiente extrajudicial	141

CONCLUSÃO 145

REFERÊNCIAS 149

APÊNDICE A
PESQUISA ACADÊMICA SOBRE "AS CLÁUSULAS ESCALONADAS DE MEDIAÇÃO E ARBITRAGEM" 159

APÊNDICE B
PESQUISA DIRECIONADA PARA OS MEDIADORES E
CONCILIADORES JUDICIAIS SOBRE AS DEMANDAS DE
CONTRATOS DE LONGA DURAÇÃO 167

ANEXO A
LEVANTAMENTO DE DADOS PARA PESQUISA DE MESTRADO
(RELAÇÕES CONTRATUAIS) – TODAS AS VARAS CÍVEIS DE SÃO
LUÍS 171

PREFÁCIO

O conflito é inerente à sociedade, porquanto oriundo da tensão social estabelecida entre os indivíduos no processo natural de convivência. Por outro lado, a evolução das relações humanas contribui para o surgimento e o desenvolvimento de diversos métodos de resolução de conflitos, além da solução sentencial caracterizada pela intervenção do Estado-juiz. Da autotutela às mediações e arbitragens, um longo caminho foi percorrido, o que só foi possível graças à mutabilidade das relações humanas.

Essa mutabilidade também é característica dos contratos firmados entre os sujeitos de direito, de forma que as cláusulas desses instrumentos podem ser revistas e rediscutidas durante sua vigência, uma vez que os contratantes não ficam adstritos à pactuação inicial (sinalagma genético) diante de alterações das circunstâncias verificadas no curso do contrato (sinalagma funcional), com potencial de gerar excessiva onerosidade para uma das partes e o consequente inadimplemento. Tal perspectiva justifica a utilização dos meios autocompositivos e heterocompositivos que, escalonadamente utilizados, podem contribuir mais adequadamente para a retomada do programa de adimplemento e para a solução da crise dos contratos, antes de tudo, uma crise de confiança.

Esses sistemas multietapas, como bem definidos pela autora, "correspondem a um procedimento em que os interessados podem trazer, nos contratos, previsões de como serão dirimidas as possíveis controvérsias que surgirem no curso das relações contratuais. Essas previsões consistem em fazer combinações de inúmeros métodos que serão utilizados em sequência na busca de respostas que atendam às necessidades dos contratos".

Nesse cenário, as cláusulas escalonadas de mediação e arbitragem assumem papel relevante na promoção do acesso à Justiça e na desjudicialização de lides contratuais, sobretudo por estarem mais próximas da dinâmica e da realidade do mercado, na medida em que privilegiam a diversidade na oferta de métodos à disposição das partes que, por intermédio da autonomia privada, podem escolher como resolver os inúmeros problemas comumente surgidos nos contratos de longa duração.

Além de estar alicerçado em um grande esforço de pesquisa, o trabalho da autora também é fruto da sua longa experiência profissional na área da conciliação e da mediação, projetando um novo modelo jurídico de solução de controvérsias que merece ser estudado, compreendido e utilizado pelos sujeitos contratuais.

Vale, portanto, a leitura.

Paulo Sérgio Velten Pereira
Presidente do Tribunal de Justiça do Estado do Maranhão.

INTRODUÇÃO

A história da humanidade constitui-se a partir das suas relações. Faz parte da natureza humana relacionar-se com os seus pares e com o meio em que se encontra. As relações também passam por transformações, configurando a sua natureza mutável, dinâmica, bem como complexa. Não há um padrão, e quando há um período de estabilidade, ele é quebrado, naturalmente, com as diferenças que se afloram.

O ser humano pensa, interpreta, manifesta-se e age com base nas suas relações corpóreas e socioculturais com os outros e com o mundo em que está inserido. Nesse contexto, muitas vezes, ele ignora a presença, o pensamento, a interpretação, o comportamento e a ação do outro. Consequentemente, conflitos são instalados nesse cenário, o que reforça a ideia de que a humanidade deve esforçar-se no sentido de lidar com as diferenças existentes em seu contexto sociocultural, refletidas em situações, circunstâncias, condições e possibilidades diferentes vivenciadas por cada um.

Na contemporaneidade, é percebido que as relações humanas apresentam alto grau de mutabilidade em nível avançado. Com maior ou menor intensidade, os efeitos da tecnologia, do desenvolvimento econômico, dos interesses sociais, das questões biológicas, das questões sanitárias e de saúde (com o surgimento e a expansão de novas doenças, bem como o contigente de pessoas afetadas por seus danos diretos e colaterais, tais como Covid-19 e suas mutações, Zica, Chikungunya dentre outras), dos fenômenos e catástrofe naturais (enchentes, desmoronamentos, deslizamentos, deslocamento, seca, ventos e tempestades, para citar alguns) causam impactos e, quase sempre, prejuízos nas atividades e na vida das pessoas. Situações imprevistas e de força maior acontecem, em grande parte, com proporções exponenciais, de modo a construir novos cenários e novas realidades.

Vive-se de forma integrada, em que tudo se relaciona e gera circunstâncias, mas nem sempre as circunstâncias são analisadas e resolvidas em conexão com a realidade, com prudência, empatia e responsabilidade mútua.

As circunstâncias propiciam o surgimento de conflitos. Impulsionadas pela resolução e pacificação desses conflitos, as pessoas buscam estratégias que possam restabelecer a sensação do *status quo*, buscando um cenário de tranquilidade, de sentimento de justiça e de satisfação, mesmo que seja em outras condições.

Assim, as relações contratuais, produto e necessidade das relações humanas, dispõem das mesmas características de mutabilidade, dinamicidade e complexidade que envolvem as relações na contemporaneidade, bem como resultam nas mesmas circunstâncias de imprevisibilidade, insegurança e necessidade de ajustes, principalmente em relações advindas dos contratos de longa duração, objeto de estudo desta pesquisa.

Como estratégia para a resolução e pacificação dos conflitos contratuais, utiliza-se dos mais diversos mecanismos de solução de conflitos, inúmeros arranjos e de vários ambientes, seja no Poder Judiciário ou de forma extrajudicial; seja por meio de mecanismos internos ou externos ao contrato; seja de forma elaborada previamente à existência do conflito ou a partir da sua existência; seja com ancoragem na mediação, na arbitragem e no processo judicial ou nas cláusulas escalonadas de mediação e arbitragem.

Esse universo mostra-se necessário e está em consonância com as exigências da vida contemporânea. Conhecer as nuances desse contexto importa em conhecer como as pessoas compreendem e tratam os seus conflitos. Conhecer as cláusulas escalonadas de mediação e arbitragem e seus reflexos para o acesso à justiça e a desjudicialização dessas demandas é relevante para a compreensão da mentalidade dos contratantes das relações contratuais de longa duração, pois o formato escalonado dos mecanismos de mediação e arbitragem nas resoluções das demandas contratuais podem configurar uma nova mentalidade diante do conflito e de como as pessoas se percebem nas situações de controvérsias. Ou seja, é possível que esse novo modelo reflita no modo de perceber as contendas e na necessidade de agir assertivamente, com o fim de atender aos objetivos contratuais, pois se refere a um processo de atribuição de responsabilidades dos envolvidos, para que eles próprios busquem a melhor solução para o conflito vivenciado, com plena consciência do papel e da importância de cada um para o restabelecimento de uma relação de confiança e que garanta o adimplemento contratual.

Por conseguinte, a presente pesquisa qualitativa, de caráter jurídico-exploratório, desenvolve-se com a utilização de técnicas de pesquisas de natureza bibliográfica, documental e empírica, pautada no estudo interdisciplinar, bem como apresenta como problema a indagação: "Em que medida as cláusulas escalonadas de mediação e arbitragem, como estratégia de solução de conflitos, influenciam no acesso à justiça e desjudicialização das contendas que surgem ao longo de um contrato?". Ademais, trabalha com a hipótese de que a utilização dessas cláusulas contribuem para o acesso à justiça e impactam no fenômeno da desjudicialização dessas demandas, e apresenta como objetivo geral: fazer uma análise sobre as cláusulas escalonadas de mediação e arbitragem, como estratégia para tratar os conflitos das relações contratuais de longa duração, e verificar os seus reflexos em relação ao acesso à justiça e à desjudicialização dessas demandas. Tem ainda como objetivos específicos: conhecer as concepções do conflito sob um olhar interdisciplinar; descrever a trajetória do acesso à justiça e o contexto dos meios adequados de solução de conflitos, com ênfase na mediação e arbitragem, considerando as regras, os princípios constitucionais e as legislações infraconstitucionais que tratam sobre o novo modelo de oferta de métodos; explanar sobre as relações contratuais e a possibilidade de adequações diante de novas circunstâncias; demonstrar a inter-relação da utilização das cláusulas escalonadas de mediação e arbitragem para o acesso à justiça e o fenômeno da desjudicializaçao das relações contratuais; e verificar estatística e empiricamente o ambiente judicial e extrajudicial que trata das demandas de contratos de longa duração e a aplicabilidade das cláusulas escalonadas de mediação e arbitragem, para a resolução de impasses contratuais de longa duração.

Para tanto, o estudo foi organizado em 7 capítulos, incluindo esta Introdução, sendo denominados, respectivamente, "O conflito e suas concepções" (Capítulo 1), "A resolução e pacificação dos conflitos e o acesso à justiça" (Capítulo 2), "A dinâmica das relações contratuais" (Capítulo 3), "As cláusulas escalonadas de mediação e arbitragem" (Capítulo 4) "Análise interpretativa da pesquisa" (Capítulo 5), além da Conclusão, das Referências e dos Apêndices e Anexo.

Inicialmente, em "O conflito e suas concepções", far-se-á uma abordagem sobre o conflito, contextualizando-o sob um olhar interdisciplinar em que se buscará a compreensão do seu significado a partir das lentes de várias ciências, como a etimologia, a linguística estruturalista, a linguística cognitiva, a teoria do conflito e o direito. Outrossim, essa contextualização contribuirá para a compreensão sobre as concepções negativa e positiva do conflito, assim como o processo de transição entre uma e outra e o reflexo dessas concepções para a configuração da forma de tratamento institucionalizado pelo Poder Judiciário no modelo tradicional e na visão contemporânea, como também a configuração dos meios adequados de solução de conflitos extrajudiciais.

Em "A resolução e pacificação dos conflitos e o acesso à justiça" apresentar-se-á um panorama sobre o contexto histórico e a evolução conceitual do acesso à Justiça. Ademais, enfatizar-se-á a característica plural das formas de tratamento de conflitos, do modelo contemporâneo de oferta de meios, mecanismos e métodos, tais como a autotutela, a autocomposição, a heterocomposição, bem como a mediação e a arbitragem.

Vislumbra-se, ainda, que nesse capítulo far-se-á referência ao tipo de modelo de gestão judiciária utilizado, apresentando a possibilidade de novos olhares no fazer do Poder Judiciário e no tratamento dos conflitos, tendo em vista que o Sistema Jurídico de uma sociedade se modifica conforme as variações sociais, uma vez que consta de uma natureza dinâmica, em que, em tempos atuais, com base na teoria do Fórum de Múltiplas Portas, será melhor evidenciado. A teoria do Fórum de Múltiplas Portas possibilitou o compartilhamento da incumbência de tratar os conflitos com outras pessoas e/ou instituições, isto é, em diversos espaços diferentes do ambiente judicial. Ademais, baseada na autonomia, na colaboração, na empatia e na responsabilidade das pessoas em situação de conflito, apresenta-se como uma proposta plural e pertinente.

No Capítulo 3, "A dinâmica das relações contratuais", far-se-á uma abordagem sobre a imutabilidade *versus* mutabilidade do instituto do contrato sob as perspectivas das análises diacrônica e sincrônica, que compreendem, respectivamente, análises da evolução histórica do contrato e do recorte temporal para a verificação do instituto contratual no momento em que se encontra. Essas análises ensejam a compreensão do contrato sob visão de mutabilidade, bem como de integralidade, ou seja, enfatizam a dinâmica das relações contratuais, seu caráter evolutivo, variante e de acomodação às diversas situações fáticas, principalmente àquelas decorrentes do contrato de longa duração e no contexto da pandemia provocada pelo novo coronavírus, o Corona Virus Disease 2019 (Covid- 19).

Outrossim, destacar-se-á, ainda nesse capítulo, as diversas formas de resolução adequada de conflitos, como os meios autocompositivos e os meios heterocompositivos, tanto na esfera judicial quanto na extrajudicial, que poderão ser utilizados para dirimir os impasses e restabelecer possibilidades de adimplemento contratual, com vista a fazer escolhas assertivas e adequadas, considerando o contrato de longa duração e a situação pandêmica, sob o viés de uma análise pontual de cada situação apresentada.

Apontar-se-á a respeito do instituto da boa-fé objetiva como aporte fundamental para que as relações contratuais sejam adimplidas diante desse cenário de emergência extrema e de significativas mudanças, considerando a solidariedade humana, a cooperação e a responsabilidade entre os contratantes, bem como o sentimento de empatia entre os indivíduos, como elementos principais para restabelecer a ordem e o possível adimplemento contratual. Pois, apesar do objetivo fim do contrato, este, para ser atingido, possui uma interdependência de valores constitucionais como a função social do contrato e a dignidade da pessoa humana, os quais, no cenário atual, atingem considerada relevância, sendo fundamentais para se evocar a boa-fé objetiva e seus deveres anexos de conduta para uma redefinição contratual.

O Capítulo 4, "As cláusulas escalonadas de mediação e arbitragem", tem como propósito analisar as cláusulas escalonadas de mediação e arbitragem como mecanismos de solução de controvérsias nas relações contratuais e seus reflexos para o processo de desjudicialização. Essas cláusulas estão pautadas no tratamento integral do conflito, na autonomia dos envolvidos, na utilização de métodos eminentemente privados como a mediação e a arbitragem, sob a perspectiva da colaboração, da empatia e da responsabilidade para a resolução e pacificação dos impasses a partir do uso sequencial desses mecanismos, conforme a necessidade.

Para tanto, nesse mesmo Capítulo 4 abordar-se-ão o conceito e a metodologia da aplicação das cláusulas escalonadas de mediação e arbitragem, como forma de compreender de que modo é feito o escalonamento dos métodos: se há uma ordem fixa, se há uma flexibilidade, dependendo da necessidade. Também apresentar-se-á as vantagens da utilização desses métodos para a resolução e pacificação dos conflitos contratuais, considerando a celeridade, o custo financeiro, a liberdade procedimental, a autonomia dos conflitantes, a empatia e a responsabilidade.

O Capítulo 5 trata da "Análise interpretativa da pesquisa" e tem como objetivo apresentar os resultados identificados com a presente pesquisa.

Inicialmente, apresentar-se-á a pesquisa que trata da concepção do conflito pelos Formandos no Curso de Formação de Mediadores e Conciliadores Judiciais do Tribunal de Justiça do Maranhão, bem como demonstrar-se-á os dados da pesquisa sobre a dinâmica utilizada pelo Poder Judiciário do Maranhão em relação à mediação e o cotidiano dos Mediadores e Conciliadores Judiciais do Tribunal de Justiça do Maranhão. Ademais, ressaltar-se-ão as informações do Tribunal de Justiça do Maranhão (TJMA) sobre a entrada de processos referente aos contratos de longa duração no período de 2018 a 2020. Posteriormente, discutir-se-á o contexto das cláusulas escalonadas de mediação e arbitragem nos ambientes das Câmaras de mediação e arbitragem no contexto do Estado do Maranhão.

CAPÍTULO 1

O CONFLITO E SUAS CONCEPÇÕES

A humanidade apresenta, em sua história, a predominante característica de viver em sociedade. O humano é um ser social, isso faz parte da sua essência. A respeito disso, Aristóteles (2019, p. 170) assegura que "está na sua natureza o viver em sociedade".

Nesse processo natural de socialização, verifica-se de imediato o contato com as diferenças, em relação a cada indivíduo de determinado grupo, comunidade ou nação. As diferenças fazem parte da natureza humana; elas proporcionam aos indivíduos a oportunidade de lidarem com os conflitos, sejam internos (intrapessoal) ou externos (interpessoal), como ressaltam Chrispino e Chrispino (2011, p. 38) ao afirmarem que "o conflito se origina da diferença de interesse, de desejos e de aspirações".

Essa experiência humana ocasionou, desde os primórdios, a busca por formas que pudessem dar fim ao conflito e restabelecessem a paz. Inicialmente, as pessoas se utilizavam de sua intuição e instinto, que eram transmutados através do uso da força, ou seja, da violência, da autotutela. A autotutela é configurada por Calmon (2016, não paginado) como "um meio de solução de conflitos em que um litigante impõe a solução a outro", 'pela força', 'pela destreza' ou 'pela esperteza'". Essa forma é caracterizada como uma forma rudimentar e inadequada para a solução das contendas, provocando o surgimento de mais conflitos e consequências desastrosas para a sociedade, inclusive a concepção de que o conflito é negativo.

A ineficácia da autotutela acarretou a busca por outros meios de solução de conflitos (autocomposição e heterocomposição). No primeiro meio, os conflitantes buscavam em conjunto a solução do conflito, auxiliados por um terceiro imparcial (mediador) através do mecanismo da mediação. No segundo meio, os conflitantes delegavam a um terceiro imparcial o poder de decisão, para que o terceiro (árbitro) decidisse sobre a solução do conflito utilizando-se da arbitragem.

Inicialmente, de modo informal, a mediação era realizada através de religiosos ou líderes das comunidades que gozavam da confiança mútua dos conflitantes, enquanto a arbitragem era exercida por um árbitro, que também era membro da comunidade e detinha a confiança dos conflitantes.

Posteriormente, com a evolução da sociedade, é percebida a sistematização das resoluções dos conflitos através da jurisdição estatal. Luz e Sapio (2017, p. 12) associam a existência da jurisdição estatal com o surgimento do Estado ao dizer que a gênese da jurisdição estatal deu-se "a partir da consolidação do Estado, quando ele chama as atribuições jurisdicionais para sua esfera de competência".

Observa-se que a configuração do fazer prático (resolução dos conflitos) é transformada em técnica sistematizada, que evolui e aperfeiçoa-se em técnica processual. Resolver conflitos através da jurisdição estatal dava-se pelo Poder Judiciário e a partir do processo judicial, o qual foi hegemônico, sendo o método oficial e único para o tratamento dos conflitos na esfera judicial acerca de três séculos.

O processo judicial consolidou-se, a sua utilização atingiu nível máximo, no entanto a eficácia do mecanismo mostrou-se muito distante do esperado. Advieram infortúnios como a morosidade, inefetividade das decisões, alto custo, insegurança jurídica entre outros. A partir da segunda metade do século XX, observa-se a existência de movimentos norte-americanos como *The Pound Conference*", ocorrido em 1976, em San Paul, Minnesota, nos Estados Unidos, que abordaram, conforme Sales e Sousa (2011, p. 207), "o descontentamento popular com a questão da Administração da Justiça", assim como houve a introdução, por Frank Sander, da ideia sobre "*Multidoor Courthouse Sistem* – Sistemas das Múltiplas Portas", que apresentou uma diversidade de métodos de resolução de conflitos que poderiam auxiliar nas resoluções das demandas tanto no curso do processo quanto antes da judicialização.

Nesse sentido, verifica-se que com a complexidade das necessidades humanas, com o aumento do crescimento populacional e com o desenvolvimento tecnológico e econômico, tornou-se necessário a busca por outras formas de tratamento dos conflitos, a partir de um resgate de mecanismos outrora utilizados, que foram se amoldando a um novo contexto. Estes mecanismos se mostram cada vez mais fortalecidos, dividindo o espaço com o método processual e transpondo a perspectiva negativa do conflito.

Conforme Muller (2006, p. 11), no ano de 1998, no evento da Assembleia Geral das Nações Unidas, foi proclamado "o período de 2001 a 2010 como a Década Internacional para uma Cultura de Paz". Essa atitude mostrou o início de uma nova realidade, visto que esforços foram realizados no sentido de disseminar uma cultura de pacificação social, pautada na concepção positiva do conflito, em que instituições do mundo se mobilizaram para efetivar a paz a partir de medidas técnicas, políticas e legislativas com propósitos de transformar a maneira como as pessoas percebem e tratam os conflitos.

Considerando essas posturas, verifica-se a substituição paulatina de métodos rudimentares (considerando o contexto contemporâneo), tradicionais e impositivos por métodos que privilegiam o diálogo, a compreensão, a empatia, a colaboração e funcionam como propulsores da construção criativa de solução dos conflitos, o que remete à compreensão de que há um movimento para a substituição da concepção negativa pela concepção positiva do conflito.

Essas medidas refletem na forma de tratamento dos conflitos no próprio Poder Judiciário, que no decorrer do tempo, consubstanciado pelo princípio fundamental do acesso à justiça, implementou várias medidas no sentido de facilitar o acesso da sociedade à jurisdição estatal, ou seja, facilitar a entrada da ação judicial através dos institutos da justiça gratuita e da assistência judiciária, bem como de repensar o papel dos operadores do direito e do próprio conceito de justiça, como já apontado por Cappelletti e Garth (1988, p. 31) no tocante às "ondas de acesso à justiça".

Ademais, em um cenário mais contemporâneo, verifica-se a inserção de outros mecanismos de resolução e pacificação de conflitos no Poder Judiciário, como a mediação e a conciliação; esta última, sob uma nova perspectiva (positiva) em que se possibilita aos envolvidos no conflito uma nova experiência resolutiva ou pacificadora. Essa perspectiva é apoiada nas técnicas de mediação, negociação, comunicação não violenta etc.

Outrossim, verifica-se, agora no âmbito judicial e extrajudicial, a abertura para a utilização de outros recursos técnicos que auxiliam na resolução de conflitos, como constelação, oficinas de parentalidade, existências de cláusulas contratuais, com o fim de prevenir o conflito e/

ou de dizer como o conflito deve ser tratado, qual mecanismo se deve utilizar, entre outros.

Todas essas inovações estão pautadas no Sistema do Fórum de Múltiplas Portas, em que é proposta a quebra do monopólio estatal, para que outros ambientes e pessoas possam tratar os conflitos utilizando métodos diferentes do processual, bem como da intenção de se ter um Poder Judiciário que oferta diversos métodos para dirimir as demandas, conforme a necessidade do caso concreto, o que, consequentemente, amplia o princípio do acesso à justiça.

Considerando a necessidade de ampliação do princípio do acesso à justiça, com a ocorrência da pandemia provocada pela Covid-19, constata-se a utilização, além de novos métodos, do uso de meios tecnológicos, o que culminou com o Programa Justiça 4.0, que visa à efetivação do "acesso à justiça por meio de ações e projetos que desenvolvam o uso de novas tecnologias e inteligência artificial" (NAÇÕES UNIDAS BRASIL, 2021, não paginado).

Esse programa teve como predominância positiva para esse momento o fato de superarem distâncias e a presença física das partes e advogados nos ambientes judiciais físicos, considerando a implantação do Juízo 100% Digital, regulamentado pela Resolução 345, de 09 de outubro de 2020 (BRASIL, 2020), que foi posteriormente alterada pela Resolução nº 378, de 09 de março de 2021 (BRASIL, 2021), ambas resoluções de origem do Conselho Nacional de Justiça. Houve, ainda, a aprovação do Projeto de Lei nº 1.595/2020, que autoriza a intimação judicial por meio de aplicativo de mensagem (JEREISSAT, 2020). Assim, a realização das intimações, na hipótese do método processual, e o envio de notificações, na hipótese de demandas pré-processuais, podem ser feitos por meio de aplicativos de comunicação digital (WhatsApp). Outrossim, há a possibilidade de realização das audiências e das sessões através de sistema de videoconferência, conforme a Resolução nº 341, 07 de outubro de 2020, do Conselho Nacional de Justiça (BRASIL, 2020), e da Recomendação nº 101, de 12 de julho de 2021, do Conselho Nacional de Justiça (BRASIL, 2021).

Essas medidas implementadas pelo Poder Judiciário mostram a característica dinâmica desse sistema de justiça, considerando a necessidade de solução rápida, conforme as condições de cada tempo e contexto, para efetivar o princípio constitucional do acesso à justiça.

Quanto ao modo de tratar os conflitos, verifica-se que a sistematização do tratamento dos conflitos pelo Poder Judiciário, como já enfatizado, iniciou com apenas um método, o processual, que está fundamentado nos fatos, nas provas e no Direito. Esse método, para a atualidade, no contexto de método único, mostrou-se insuficiente, considerando haver, segundo Mancuso (2018, p. 62), uma "crise numérica dos processos", marcada pela diversidade de conflitos, que só aumenta, devido ao estímulo à judicialização provocado pelo próprio método processual e pela conjuntura sobre o acesso à justiça concebido pelo Poder Judiciário. Esse método apresenta características que fortalecem a concepção negativa do conflito, como o estímulo à disputa, a criação de polaridade (autor/réu, vítima/réu), linguagem associada à guerra e resultados não satisfativos.

Com esse quadro, é verificável a trajetória inexitosa do processo judicial como método único. Isso acarreta a busca por novas e diversas formas que possam tratar os conflitos de modo integral e eficaz, sob uma nova perspectiva fundamentada na participação, na colaboração, na empatia e na responsabilidade dos envolvidos. Para tanto, essa nova perspectiva também se apoia na diversidade de oferta de métodos de resolução de conflitos, como já verificado. Todavia, a implementação de novos mecanismos se mostra um grande desafio principalmente para o Poder Judiciário, considerando haver um modelo de gestão judiciária incompatível, que privilegia a concepção quantitativa "mais do mesmo",[1] como denomina Mancuso (2018), em detrimento da concepção qualitativa de gestão judiciária, o que interfere diretamente nos resultados do tratamento do conflito, ensejando a busca por outros métodos distintos do método processual.

Esse modelo de gestão judiciária afeta a qualidade da aplicação adequada dos métodos de resolução de conflitos, haja vista que uma adequada aplicação exige mais tempo para a utilização de técnicas e procedimentos adequados, o que garante maior número de resolutividade e/ou pacificação, porém acarreta menor quantidade de processos atendidos (menor número de audiências realizadas) em relação ao

---

[1] Mancuso (2018, p. 158) assevera que "Na raiz da *questão judiciária brasileira* encontra-se o fato de as instâncias políticas (União, no caso da Justiça Federal, comum e especiais; Estados, no caso das suas respectivas Justiças), e os órgãos judiciários de correição, planejamento e execução (Corregedorias, Presidências de Tribunais, Órgãos Especiais, (Conselho Nacional de Justiça – CNJ) adotarem aquela mesma *lógica quantitativa*, por modo que, à medida que aumenta a demanda por Justiça, mais verbas vão sendo requisitadas e empregadas no custeio crescente e no aumento físico da máquina judiciária, instalando-se uma básica equação: mais processos = mais tribunais, mais serviços de segurança, mais juízes, desembargadores e ministros, mais serventuários e assessores, mais equipamentos de informática".

tempo de trabalho, uma vez que exigirá mais tempo para o tratamento dos conflitos. No entanto, apresenta como resultado o tratamento do conflito na sua integralidade, pois o foco dos métodos de resolução e pacificação de conflitos (mediação/conciliação) não é só resolver processos, mas tratar os conflitos.

Nesse sentido, requer maior tempo para a realização das audiências, sendo o tempo vigente incompatível com uma prestação qualitativa, pois conforme a Lei nº 13.105/2015, que instituiu o Novo Código de Processo Civil, o tempo vigente é de 20 minutos, tempo insuficiente para a aplicação dos métodos da mediação e da conciliação da forma adequada (BRASIL, 2015c). Ademais, necessita-se de servidores com formação específica na área de resolução de conflitos, assim como de ambientes personalizados para o devido acolhimento das demandas, o que não é interessante para o modelo de gestão judiciária atual, uma vez que ela se baseia apenas na quantidade de audiências realizadas para a aferição de metas (Meta 1 – do Conselho Nacional de Justiça), excluindo a qualidade do tratamento do conflito.

Spengler (2021, p. 19) evidencia que a Jurisdição Estatal "já não oferece respostas à conflituosidade produzida pela complexa sociedade atual (...)", pois para ela o Poder Judiciário está "(...) passando por uma crise de efetividade (quantitativa, mas principalmente qualitativa), que demanda a busca de alternativas".

Vislumbra-se, assim, que há uma tentativa de efetivar o acesso à justiça, conforme defendido por Watanabe (2019, p. 3), na perspectiva da "ordem jurídica justa", para que os resultados possam ser eficazes. Mas a visão do Poder Judiciário carece ainda de adequações, uma vez que o modelo de gestão deve ser ajustado à nova concepção do conflito, isto é, à concepção positiva do conflito, visando estabelecer uma convivência inteligente e harmônica entre os seres humanos.

Assim, apresenta-se neste capítulo um estudo baseado na compreensão do conflito e suas concepções negativa e positiva, para olhar mais de perto o formato do tratamento de conflitos proposto pelo Poder Judiciário e aquele que surge extrajudicialmente.

1.1 Do conflito

O conflito está presente na sociedade, apresentando-se através das relações entre seus pares. Ele faz parte da estrutura e do contexto social.

Muller (2006, p. 25) assevera que o conflito é "componente estrutural de todo relacionamento com os outros e, assim, de toda a vida social".

O conhecimento sobre o que é o conflito e a sua configuração se mostra relevante para a devida compreensão de como a sociedade, ao longo do tempo, vem assimilando o conflito e seus efeitos, e como vem buscando novas e diversas formas de melhor lidar com esse evento.

Conforme o modo escolhido pela sociedade, comunidade ou indivíduo para lidar com o conflito, este pode se apresentar com uma configuração em que os efeitos negativos são predominantes, pois estão associados ao comportamento violento, egoísta e possessivo dos conflitantes, como também pode se configurar positivamente, sob posturas não violentas, cooperativas, respeitosas e transformadoras. Lederach (2012, p. 37) contribui dizendo que "O conflito impacta as situações e modifica as coisas de variadas maneiras".

Para essa compreensão, fazem-se necessárias referências às contribuições de diversas áreas de conhecimento, tais como a etimologia, a linguística, a moderna teoria do conflito e o direito, que empreenderam estudos que contribuíram de forma significativa para a compreensão do que seria o conflito e como a sociedade lida com ele. Cada uma dessas áreas de conhecimento, em sua perspectiva, colabora uma com a outra a partir de diversos aspectos sobre o entendimento de como o conflito se configura para a sociedade.

Com base no estudo etimológico da palavra "conflito", conforme o disposto em Origem das Palavras, o vocábulo "conflito" é proveniente da palavra latina *conflictus*, que se refere ao "particípio passado da palavra *confligere*". Ao decompô-la, observa-se que a sua formação consiste na junção do prefixo "com", significando "junto", e *fligere*, que significa "golpear", "atacar" (ORIGEM DA PALAVRA, 2021). Essa descrição etimológica nos remete à ideia de que se trata de um evento em que há um embate entre indivíduos, que juntos travam uma luta corporal, verbal, argumentativa e/ou de ideias.

Isso fica claro quando se verifica o pensamento de alguns estudiosos sobre o conflito. O primeiro, trazido por Muller (2007, p. 19), diz que "O conflito significa o confronto da minha vontade com a do outro, pois cada um deseja vencer a resistência do outro".

Moore (1998, p. 5) comunga da compreensão de que "O conflito e as disputas existem quando as pessoas estão envolvidas na competição para atingir objetivos que sejam percebidos – ou de fatos – incompatíveis".

Esses conceitos apresentam a ideia de confronto, disputa, de luta e competição. Na construção da ideia que se tem de um termo, verifica-se que se constitui pela associação do significante e do significado.[2] Suassure (2006, p. 80) assevera que todo vocábulo é constituído do "significante" e do "significado", sendo o primeiro a "imagem acústica" daquilo que temos a ideia, e o segundo, a ideia, o "conceito" que temos da imagem.

Embora Suassure (2006, p. 81–83) apresente a ideia da arbitrariedade do signo linguístico, uma vez que para ele a explicação de como os nomes são dados às coisas não seguia uma vinculação interna entre significante e significado, mas configurava-se como um evento arbitrário, o presente estudo limita-se ao entendimento do autor sobre a composição do vocábulo, que se dá através do significante e do significado, no sentido de que para todo nome há uma associação de uma imagem acústica e uma ideia ou um conceito.

No tocante ao termo "conflito", ressalta-se que o significante ou a imagem acústica é o que se visualiza mentalmente quando se ouve a palavra conflito, já o significado seria o pensamento, a ideia, o conceito que se tem sobre essa palavra.

Ilustra-se, com isso, que há um contexto a ser considerado quando se refere à compreensão do que significa o conflito para a sociedade. Nesse contexto social se encontram alguns elementos que influenciam de modo significativo em como o conflito se configura para determinado grupo/comunidade/sociedade, dentre eles cita-se a cultura, a política e o sistema jurídico.

Muller (2007, p. 111) assevera que "o Estado é constituído pelo conjunto das instituições políticas, administrativas, jurídicas, policiais e militares" e tem como missão específica "estabelecer, manter e, caso seja necessário, restabelecer a paz civil". Observa-se uma integração de vários elementos que incorporam o meio social e influenciam a cultura de tratamento dos conflitos.

Em relação à influência cultural, esta corresponde ao comportamento dos indivíduos, à forma como resolvem suas adversidades; isso envolve um universo, pois há diferentes culturas e formas de assimilação

---

[2] Termos cunhados por Suassure (2006), linguista estruturalista, de nacionalidade suíça, que viveu entre os anos de 1857 e 1913 e realizou estudo sobre o signo linguístico, identificando que todo signo linguístico é constituído de significante e de significado, ou seja, de imagem acústica e de conceito. Sua obra *Curso de Linguística Geral* é uma obra póstuma, organizada por seus alunos Charles Bally, Albert Sechehaye, com a colaboração de Albert Riedlinger.

do conflito, bem como de comportamentos diante do conflito. Para Muller (2007, p. 11), é "sob o efeito da influência social que os indivíduos orientam seu comportamento privilegiando a violência como meio normal de defender sua comunidade", pois a sociedade cultiva a violência. O que enseja dizer que em situação de conflito a sociedade se comporta violentamente, com tom de naturalidade, motivada pela defesa dos seus interesses e busca de solução.

Sobre a política, destaca-se o posicionamento de Muller (2007, p. 11), que contribui enfatizando que "as violências que marcam a atualidade têm explicações baseadas no contexto econômico e político em que ocorreram", o que requer a compreensão de que o contexto político influencia significativamente a forma de resolução das controvérsias, uma vez que são tomadas medidas legislativas para a implementação de sanções ou tratamento do conflito na sociedade, considerando diversos aspectos e efeitos no cenário social.

Sobre o jurídico, é coerente a compreensão de Muller (2007, p. 13) ao dizer que está apoiado em uma ideologia, pois há "uma construção racional que permite os indivíduos a justificarem a violência". Para o autor, "Em vez de ser banida – declarada à margem da lei –, a violência é banalizada – declarada em conformidade com a lei". Sob essa óptica, verifica-se que a forma como o Poder Judiciário viabiliza o tratamento dos conflitos implica o sentido de como compreende e trata os conflitos. Será de forma efetiva, respeitosa, valorizando as pessoas, seus interesses e sentimentos?

Visando uma melhor compreensão, busca-se amparo na abordagem da Linguística Cognitiva,[3] ciência que se ocupa do estudo da metáfora e que defende que a nossa compreensão de mundo e de tudo o que o permeia é influenciada pelas metáforas, apresentando-a como um sistema conceptual que define a "nossa realidade cotidiana" (LAKOFF; JOHNSON, 2002, p. 45-46). Para os autores, "a metáfora está infiltrada na vida cotidiana, não somente na linguagem, mas também no pensamento e na ação".

---

[3] Moreira (2018, p. 2) expõe que a Linguística Cognitiva (LC) apresenta diversidade teórica e metodológica. Assume que a linguagem é parte integrante da cognição, fundamentando-se em processos cognitivos, sócio-interacionistas e culturais. O modelo é baseado no uso e no contexto da conceptualização, da categorização, do processamento mental, da interação e da experiência individual, social e cultural, de modo a melhor compreender como a linguagem contribui para o conhecimento do mundo. Para a LC, toda a linguagem é acerca do significado, e o significado é perspectivista, quer dizer, não reflete objetivamente o mundo, mas considera as muitas perspectivas diferentes.

A forma de compreender o conflito consiste no que o cotidiano oferece. Aprende-se com a experiência; internaliza-se com a constância de atitudes, de eventos, de situações que configuram um sistema conceptual.

Assim, para Duzert e Spinola (2018, p. 22) a ideia de conflito está associada às "(...) diferenças existentes entre duas ou mais pessoas ou grupos, caracterizadas por tensão, emoção, discordância e polarização, em que a afinidade é quebrada". Os autores ainda citam que "Basta que haja uma diferença de interesse, de opiniões, de interpretações e de entendimentos nos relacionamentos (...) para que o conflito se instale".

Calmon (2019, p. 16) assevera que "o conflito é a exceção e ocorre quando o almejado equilíbrio social não é atingido", ademais, o autor enfatiza que "O conflito resulta da percepção da divergência de interesses" e "(...) implica em lutas entre duas ou mais pessoas acerca de valores, posição ou recursos".

Enseja-se, aqui, o entendimento de que a compreensão que se tem dessas construções conceituais e conceptuais perpassa por uma diversidade de elementos que constituem o ambiente social, entre eles a cultura, com destaque para a religião, a política, o sistema jurídico e as experiências cotidianas da sociedade.

Desse modo, partindo dessas contribuições de natureza etimológica, linguística e da moderna teoria do conflito, verifica-se que a compreensão do termo conflito se configurou e ainda se configura com base na apresentação desse evento no cotidiano da realidade social, ou seja, na forma em que as situações conflituosas se apresentaram e se apresentam na sociedade, e diante de um conflito nas atitudes e nos pensamentos estimulados e externalizados.

1.1.1 Concepção do conflito em uma perspectiva tradicional (negativa)

Concorda-se que há duas formas de compreender o conflito, sendo o modo negativo e o modo positivo. O olhar para o conflito como negativo ou positivo depende da experiência de cada indivíduo, grupo, comunidade e/ou sociedade, ou seja, como o conflito se mostrou e como foi tratado por determinado indivíduo, comunidade e/ou sociedade. Muller (2006, p. 25) acrescenta que "o conflito pode ser destrutivo, é claro, mas também pode ser construtivo".

Essa compreensão sobre as construções conceptuais do conflito pode ser esclarecida a partir da abordagem da Linguística Cognitiva, ao considerar a existência de metáforas conceptuais que licenciam as concepções negativa e positiva do conflito.

Para compreender a concepção negativa do conflito, far-se-á uma inter-relação da metáfora CONFLITO É RUIM (negativo) com o domínio fonte[4] "violência", por compreender que a concepção do conflito sob o viés negativo está presa à compreensão do *frame*[5] "violência", seja ela verbal ou física, assim como apresenta outros elementos conceptuais relacionados à violência, como dor, força, disputa, guerra, angústia, sofrimento, depressão, luta, batalha, tristeza, polaridade entre outros.

Essa visão negativa do conflito, a partir das experiências das pessoas, está associada ao modelo de tratamento dos conflitos na sociedade, à forma como as pessoas resolvem seus conflitos, quais reações e sentimentos são estimulados nas pessoas quando elas buscam resolver seus conflitos, inclusive de maneira institucionalizada.

Franco e Nunes (2018, p. 169) identificam que "É inegável o descontentamento com a prestação jurisdicional", tendo em vista o seu modelo tradicional de resolução de conflitos, o método processual. Ademais, constata-se que diante da nova perspectiva de oferta de mecanismo de solução de conflitos, inclusive pelo próprio Poder Judiciário, tem-se uma nova abordagem resolutiva e pacificadora, em que se utilizará de técnicas que valorizam "a compreensão da disputa (identificação de questões e interesses) e a gestão de sentimentos que as partes tenham e que estejam influenciando as suas percepções" (BRASIL, 2016, p. 233).

---

[4] Ferrari (2018, p. 49) traz a explicação de que "As estruturas de conhecimento armazenadas na memória permanente têm papel decisivo na construção do significado. Na verdade, são essas estruturas que nos permitem explicar por que a interpretação envolve sempre mais informação do que aquela diretamente codificada na forma linguística". Nesse sentido, Langacker (*apud* FERRARI, 2018, p. 49) enfatiza que "o domínio é o contexto de caracterização da unidade semântica.

[5] Ferrari (2018, p. 50) também apresenta explicação sobre os *frames*. Ela compreende que "A semântica de *frames*, abordagem desenvolvida por Charles Fillmore (1975, 1977, 1982 e 1985) trata da estrutura semântica dos itens lexicais e construções gramaticais. O termo *frame* designa um sistema estruturado de conhecimento, armazenado na memória de longo prazo e organizado a partir da esquematização da experiência". A autora enfatiza, ainda, que Fillmore (1975, 1977, 1982 e 1985) "(...) argumenta, basicamente, que o significado das palavras é subordinado *aos frames*. Assim, a interpretação de uma determinada palavra ou de um conjunto de palavras requer acesso a estruturas de conhecimento que relacionam elementos e entidades associados a cenas da experiência humana, considerando-se as bases físicas e culturais dessa experiência".

Em consonância, enfatiza-se que as formas de tratamento do conflito interagem de forma significativa para o fortalecimento ou não da metáfora conceptual CONFLITO É RUIM (negativo). Considerando a modalidade heterocompositiva, mais especificadamente o método processual, verifica-se uma relação de potencialização da concepção negativa do conflito, uma vez que esse método se relaciona com a conceptualidade sobre o "Direito" e está relacionado aos *frames* "dor" (rememorar cenas ou situações a partir de julgamento); "força" (compreensão de que vence o mais forte [maior poder aquisitivo, o mais influente]); "disputa" (o prêmio é ganhar a sentença favorável); "guerra" (as pessoas se veem como adversários e utilizam armas [provas] para ganharem a decisão favorável aos seus pedidos); "angústia" (resultado diferente do esperado); "sofrimento" (demora em ter respostas satisfativas); "depressão" (sentimento de impotência, sem ânimo, medo); "luta" (batalha); "tristeza" (sem resolução adequada) e "polaridade" (as pessoas se veem em uma disputa do bem e do mal, como se fossem adversários). Isso significa a existência de um universo conceptual que dá forma à compreensão de que o "conflito é ruim".

Vários são os fatores que contribuem para a predominância da concepção negativa do conflito, inclusive os instrumentos de comunicação em massa são os principais disseminadores da cultura da violência, que reflete de forma significativa na concepção negativa do conflito. Rios (2012, p. 23) destaca que "A cultura da violência está evidente na mídia, como algo banalizado e irreversível". Nota-se que a concepção negativa do conflito é fortalecida constantemente pela mídia (filmes de super-heróis em batalha, causando destruição, devendo o super-herói matar o vilão; matérias realizadas com intencionalidade de mostrar o aspecto mais cruel das pessoas e das situações). Vieira (2007, p. 58) complementa que "A atuação da 'mídia' favorece, habitualmente, essa exacerbação emocional que gera, em certos momentos, um aumento progressivo da hostilidade entre os povos".

Verifica-se que não é só a mídia que alimenta a concepção negativa do conflito; consta ainda o cotidiano dos lares, em que inúmeras situações demonstram a prevalência da cultura negativa do conflito (brigas e discussões com descuido verbal, acusações, julgamentos e agressões físicas). Crianças que são estimuladas a reagir violentamente diante de uma atitude agressiva de um colega ou de uma disputa por algum objeto de interesse comum entre seu amigo, sob o argumento de que têm que aprender a se defender.

A própria história da sociedade demonstra culto à violência, tendo em vista que os heróis são aqueles que ganharam uma guerra, que lutaram em batalhas sangrentas, diferentes daqueles que auxiliaram uma comunidade a buscar melhorias de forma pacífica (Irmã Dulce, Chico Xavier etc.). Há uma supervalorização consciente e inconsciente da concepção negativa do conflito, o que torna mais complexa a sua superação.

Rios (2012, p. 19) assevera que "Para mudar essa realidade de violência, tornam-se necessários projetos de resoluções de conflitos que estejam em consonância com as intenções pretendidas". No entanto, esse cenário se mostra um desafio para a transmutação da perspectiva negativa em perspectiva positiva do conflito, uma vez que é necessária a construção de um universo conceptual do conflito como positivo, o que requer tempo (esperar os resultados), mudança de mentalidade (processo educacional e cultural), persistência – para que, diante de todas as situações adversas em que tende a perspectiva negativa, faça-se prevalecer a perspectiva positiva do conflito. Muller (2006, p. 13) defende o caminho da educação fundada na não violência para a superação da cultura violenta. O autor ainda ressalta que "A educação consiste não apenas em ensinar os fatos, mas também, e acima de tudo, em mostrar a importância de se eliminar a violência".

Ademais, diante da experiência de resolução de conflitos associada à violência, a humanidade tende a acreditar que o conflito é negativo, pois obtém resultados não satisfatórios marcados pela vantagem de um envolvido em relação à desvantagem do outro, dando força à teoria do ganha/perde. Essa teoria está relacionada com a forma de compreensão e resolução do conflito, tem como foco resolver o conflito de modo a apresentar um vencedor, um certo e um errado. Geralmente, estimulam comportamentos em que as pessoas se percebem como adversários, acarretando uma significativa polaridade e a busca de medidas que estimulam o litígio, de modo que a violência se faça presente de forma consciente e inconsciente.

A resolução processual fortalece essa teoria, haja vista dispor de instrumentos processuais que colocam as partes em verdadeiros embates. A teoria ganha/perde está consolidada pela figura do Estado no exercício do monopólio de tratar os conflitos exclusivamente através do método processual, em que o seu fazer se tornou pesado, com rigorismo exacerbado e distante da realidade social. Rios (2012, p. 21) contribui dizendo que com "a busca de solução, diante da dificuldade encontrada para manter o diálogo, desconsidera-se a cooperação e a responsabilização, e valoriza-se a dicotomia ganhador-perdedor – e as atitudes de individualismo e de imediatismo".

Tem-se que permitir o trabalho digno de cada método, principalmente o processual, para que se evitem as queixas de insatisfações que lhe são direcionadas, uma vez que há situações que só terão soluções a partir do processo judicial, em que os envolvidos deverão apresentar provas, contestar, recorrer etc. No entanto, deve-se estimular outros mecanismos de solução de conflitos, que se utilizem da consensualidade, a partir de um cenário amistoso e harmônico. Pois, certos de que o conflito associado unicamente ao domínio fonte "violência" assume uma característica negativa, impede que os envolvidos no conflito o vejam com positividade, como uma oportunidade de diálogo, construção de ideias, aproximação, necessidade de mudança, crescimento, amadurecimento e prospectividade.

Assim, é salutar que se flexibilize, que se quebre o rigorismo, que se passe a dar ênfase nas atitudes colaborativas, empáticas, prospectivas, sob um olhar integralizador, percebendo as inter-relações das relações, pois a partir dessas observações espera-se mitigar a cultura da violência, tão nociva para a própria sociedade.

1.1.2 A transformação cognitiva do conflito na perspectiva contemporânea (positiva)

A mudança faz parte da vida humana. Pode ser natural ou imposta; acontece bruscamente ou de forma paulatina. Está associada a movimento, transformação. Quando se fala sobre a mudança da compreensão em relação ao conflito, ou seja, da mudança de mentalidade a respeito do conflito, verifica-se que ela é lenta, podendo ser recepcionada de forma natural ou imposta, mas que representa a dinamicidade e a evolução social.

Para tanto, essa mudança exige a construção de um cenário favorável, que transforme progressivamente a forma de visualização do conflito. Lederach (2012, p. 31) colabora dizendo que "o conflito nasce da vida, (...) não pode ser visto como ameaça"; tem que ser entendido "(...) como uma oportunidade para crescer e aumentar a compreensão sobre nós mesmos, os outros e a nossa cultura social". Para o autor, o conflito nos ajuda "a parar, avaliar e prestar atenção"; ele ainda ressalta que "O conflito gera vida: através do conflito nós reagimos, inovamos e mudamos".

A consolidação de uma construção conceptual positiva do conflito se mostra ainda em desenvolvimento e exige um contexto propício para que estímulos e habilidades sejam ativados e vivências sejam experimentadas. Muller (2006, p. 9-10) registra que só conhecer não é suficiente, pois a ação preventiva promovida pela Organização das Nações Unidas para a Educação, a Ciência e a Cultura (UNESCO) no sentido de implantar uma cultura de paz "por intermédio da educação, ciência e cultura – ainda está longe de se mostrar enraizada na mente das pessoas e encontrar expressão concreta", mas compreende que a possibilidade de mudança perpassa inicialmente pela educação. Para o autor, "(...) a educação é fundamental para a construção da paz".

Há um trabalho realizado pelas Nações Unidas que visou instituir medidas que promovessem uma cultura de paz no mundo. Iniciou-se com a Resolução nº 52/15, de 20 de novembro de 1997, que proclamou o ano 2000 como "O Ano Internacional da Cultura de Paz" (NOLETO, 2010). Posteriormente, foi proclamada entre os anos 2001 e 2010 "a Década Internacional para uma Cultura de Paz e Não Violência para as Crianças do Mundo" por meio da Resolução nº 53/25, em 19 de novembro de 1998. Em seguida, houve a publicação da Resolução nº 53/243, que trata da Declaração e Programa de Ação sobre uma Cultura de Paz, em 6 de outubro de 1999 (NAÇÕES UNIDAS, 1999).

Essas medidas implicam na construção de um universo conceptual da perspectiva positiva do conflito e atingem diretamente a forma de lidar com o conflito no cotidiano da sociedade. Esse trabalho envolveu vários segmentos da sociedade, diversas áreas de conhecimento (psicologia, educação, comunicação, sociologia, direito etc.), como também a diversidade de oferta de métodos e mecanismos para a resolução dos conflitos de forma adequada diante do caso concreto, de modo a privilegiar a forma pacífica, como a negociação, mediação, conciliação, justiça restaurativa, as oficinas de parentalidade, constelações sistêmicas, técnicas de comunicação não violenta, práticas colaborativas etc., todas voltadas a uma nova perspectiva do conflito.

Além da utilização desses mecanismos e métodos de suporte para a resolução adequada dos conflitos nos âmbitos judiciais e extrajudiciais, há um arcabouço legislativo que os legaliza. Dentre as legislações que disciplinam a resolução de conflitos por meio de outros métodos diferentes do processual, no cenário brasileiro, cita-se: a Resolução nº 125/2010, do Conselho Nacional de Justiça, que insere essa nova perspectiva sobre o conflito no sistema judiciário brasileiro (BRASIL, 2010); a Lei nº 15.105/2015, referente ao Novo Código de Processo Civil (BRASIL, 2015c), que se adéqua à nova perspectiva apresentada pela Resolução CNJ nº 125/2010; a Lei nº 15.140/2015, conhecida como a Lei de Mediação, legislação específica que trata da mediação nos âmbitos público e privado (BRASIL, 2015c), assim como a Lei nº 13.129/2015, que altera a Lei nº 9307/1996 – Lei de Arbitragem (BRASIL, 2015a).

Em observância à diversidade de mecanismos disponíveis para o tratamento do conflito, inclusive no âmbito do Poder Judiciário, verifica-se a transformação do olhar estatal no tocante ao tratamento do conflito, bem como na ampliação do acesso à justiça. Essa verificação resulta favorecer uma quantidade maior de mecanismos para a resolução dos conflitos, uma vez que se deixa de dispor de um único mecanismo (processual) para ofertar outros mecanismos (mediação, conciliação, negociação e justiça restaurativa), conforme a necessidade do caso concreto. Ademais, consideram-se outros aspectos – voltados para a valorização das pessoas, dos seus interesses e sentimentos – que o Poder Judiciário se propôs a realizar através da Resolução nº 125/2010, do Conselho Nacional de Justiça, assim como da Lei nº 13.105/2015 (Novo Código de Processo Civil). Porém, consoante à sua gestão judiciária, observa-se um grande desafio em atender ao que se comprometeu o Poder Judiciário no que se refere a promover a mudança de mentalidade dos envolvidos e da própria sociedade a respeito do conflito, um dos escopos da Política Judiciária de Tratamento Adequado dos Conflitos de Interesses.

Compreende-se, ainda, que se depara com a necessidade de grandes esforços para a mudança de perspectiva e se enfatizam outros elementos, que têm uma elevada importância e estão relacionados às questões intrínsecas dos envolvidos nas controvérsias, uma vez que estão conexas à cognição sobre como pensam e agem as pessoas diante dos conflitos. Dentre esses elementos, destaca-se a capacidade de o indivíduo identificar os seus interesses e necessidades, bem como a forma de se comunicar e de se fazer compreender diante do que fora identificado – e de como poderia ser resolvido. A precariedade e a inexistência de uma comunicação positiva são, para Rios (2012, p. 20-21), dificuldades relevantes, pois, ao estabelecer um diálogo positivo e se deparar com uma comunicação deficitária, depara-se com "a resistência dos sujeitos em aceitar a opinião do outro e a dificuldade para compreender um ponto de vista contrário às suas ideias e/ou pensamentos", acarretando um procedimento em que as partes se prendem em buscar "a defesa de si mesmos, imposição da vontade, a desvalorização de outras formas de entendimento, optando por manter posições de competição e afirmação".

Em consonância, destaca-se a complexidade para se desconstruir uma concepção que se formou ao longo de todo o período anterior. A substituição de pensamento e ação será um desafio. No entanto, para a evolução da sociedade deve-se aderir a posturas fundamentais como o respeito pelo outro, a comunicação empática, a escuta ativa e a negociação, que estão associadas aos *frames* da empatia, colaboração, diálogo, atenção, compromisso, responsabilidade, crescimento, amadurecimento, compreensão, aproximação e prospectividade.

Constata-se que a postura de inserir outros mecanismos de resolução de conflitos no sistema jurídico brasileiro, para tratar os conflitos tanto na esfera do Poder Judiciário como na esfera privada, demonstra um avanço e o início de uma nova compreensão sobre o conflito, bem como de que há outras possibilidades de atender aos interesses das pessoas envolvidas em situações de controvérsias, inclusive sob uma nova concepção (a concepção positiva do conflito) e ambiente adequado para a construção conjunta do entendimento entre os envolvidos, o que consolida a concepção do ganha/ganha.[6]

Nesse sentido, as concepções negativas e positivas do conflito se encontram presentes na sociedade atualmente. No entanto, movimentos são feitos para que as pessoas consigam compreender que a concepção do conflito como positivo pode ser predominante, uma vez que o conflito faz parte da natureza humana, ou seja, sempre vai existir nas relações, portanto deve-se buscar as melhores formas de resolução e pacificação dos conflitos, conforme o caso concreto.

---

[6] Distinta da teoria ganha/perde, a teoria ganha/ganha está pautada em uma resolução de conflitos em que os envolvidos buscam a solução satisfatória para ambas as partes. Há um esforço conjunto para que a resolução também tenha alcance coletivo. Compreende que na resolução pautada na teoria ganha/ganha todos ganham, pois há o interesse de que todos tenham suas necessidades atendidas ou minimizadas.

CAPÍTULO 2

A RESOLUÇÃO E PACIFICAÇÃO DOS CONFLITOS E O ACESSO À JUSTIÇA

A resolução e a pacificação dos conflitos com o acesso à justiça são temas relevantes e estão inter-relacionados. Resolver e pacificar os conflitos compreende uma estratégia de promover o acesso à justiça. Considerando o contexto contemporâneo, a partir da diversidade da oferta de mecanismos de solução de conflitos, da liberdade procedimental, da autonomia da vontade das partes, da colaboração, da empatia e da responsabilidade, o acesso à justiça se efetiva sob os auspícios do "acesso à ordem jurídica justa", conforme o entendimento de Watanabe (2019, p. 9), e do compartilhamento da incumbência de tratar os conflitos, em consonância com a "jurisdição comportatilhada" (MANCUSO, 2018, p. 13).

Faz-se necessário compreender os debates acerca do que seria acesso à justiça, visto que tem perpassado por questões de natureza temporal, semântica, social e econômica, assim como compreender a sua evolução ao longo da história, o que induz ao entendimento de que o acesso à justiça se mostra multifacetado, dinâmico e polimórfico, condicionado à questão espaço-temporal, cultural, econômica e da própria gestão adotada pelo Poder Judiciário, de modo a promovê-lo.

Considera-se essencial a compreensão de que o acesso à justiça está apoiado na diversidade das formas em que pode ser efetivado. No entanto, considera-se mais importante ainda os inúmeros resultados que podem ser obtidos com as diferentes maneiras de sua implementação, podendo ser promovido no ambiente judicial e no ambiente extrajudicial, a partir dos meios heterocompositivos e autocompositivos.

No ambiente judicial, o seu alcance está diretamente condicionado ao tipo de Política Judiciária implementada pelos Tribunais, devendo a Política Judiciária atender à lógica qualitativa, pautada em um planejamento que vise a uma orientação e uma base para implementar as estratégias e os recursos de forma equalizada.

Ademais, segundo Mancuso (2018, p. 36) a forma de tratar os entraves que obstam o acesso à justiça parte da busca de se compreender a origem da causa e não apenas das consequências desses obstáculos, ou seja, deve-se focar na causa originária visando corrigir os equívocos, adequar novas estratégias e ter um melhor resultado para a efetivação do acesso à justiça. Deve-se, ainda, compreender que a forma de implementação da Política Judiciária difere da Política Pública Executiva (quantitativa), visto que possuem abordagens diferentes, que inviabilizam a mesma forma de implementação das estratégias. A busca dos resultados deve ser conforme a realidade de cada uma.

Assim, o presente capítulo abordará o conceito e o histórico do acesso à justiça para melhorar a compreensão conceitual na atualidade, bem como tratará sobre o modelo contemporâneo de oferta de métodos considerando ambientes diferentes do Poder Judiciário, assim como a possibilidade de outras pessoas e instituições diferentes do Estado resolverem e pacificarem os conflitos.

2.1 Do acesso à justiça: conceito e histórico

O acesso à justiça é considerado um grande desafio para o Estado. Essa percepção é alcançada ao verificar-se que ele muda conforme as necessidades de uma determinada época e sociedade; possui natureza dinâmica, abre e fecha ciclos constantemente, em um enredo que parece inalcançável: a busca pela sua efetividade.

Falar sobre acesso à justiça implica falar sobre como a sociedade, em tempos remotos, tratou os seus conflitos, bem como de que forma a sociedade contemporânea busca resolvê-los na atualidade. Exige-se um retorno ao tempo e na história para compreender como esse direito fundamental, disposto no artigo 5º, inciso XXXV, da Constituição Federal de 1988 se configurou e se adéqua diante das transformações no contexto social, assim como qual o seu conceito na contemporaneidade (BRASIL, 2020).

A história registra que, antes da figura do Estado, os indivíduos resolviam seus conflitos pela autotutela – forma de resolução de conflitos que se utiliza da intuição pessoal, com influência das emoções e predominância do uso da força (violência). Isso porque não havia a compreensão da existência do Estado. Hasse (2013, não paginado) afirma que "É cediço que por longos tempos o poder de dizer o direito não era exercido pelo Estado, mas sim pelas próprias partes conflitantes, por intermédio da autotutela, até mesmo porque não se tinha um conceito de poder estatal".

Com o avanço do tempo, identifica-se que as relações e os interesses da sociedade se tornaram diferentes do que eram antes, tornaram-se mais complexos, numerosos e necessários. Agir através da autotutela para resolver os conflitos resultava em sérios prejuízos, riscos e insegurança, o que comprometia a sobrevivência dos indivíduos, das famílias e da própria comunidade (grupo/tribo etc.), ou seja, essa forma de resolução não tratava adequadamente os conflitos.

Havia a necessidade de maior controle das regras e dos comportamentos dos indivíduos, em uma perspectiva mais sistematizada, organizada e planejada, o que acarretou a configuração do poder estatal, transferindo-se unicamente ao Estado a incumbência de tratar os conflitos sociais, assim como o poder de estabelecer as regras e as normas que poderiam ser usadas para a manutenção da ordem.

Hasse (2013, não paginado) evidencia isso ao dizer que "Com o passar dos tempos e principalmente após a teoria da repartição dos Poderes (Executivo, Legislativo e Judiciário), consagrada na obra 'Espírito das Leis' de Montesquieu, já no século XVII, o Estado passou a ser o detentor do poder de aplicar e dizer o Direito".

Com o monopólio, o Estado tornou-se o único capaz de tratar os conflitos, assim como assumiu a responsabilidade de garantir à sociedade a paz social. No entanto, guiado pelo dinamismo da sociedade, passou por significativas mudanças, o que ensejou sérias dificuldades para realizar tal incumbência.

Considerando novas transformações sociais e jurídicas, observa-se que os serviços da justiça ofertados não eram por todos acessados. Havia alguns fatores essenciais que impediam a concretude do acesso à justiça, dentre eles a pobreza financeira e de conhecimento dos indivíduos. Os custos com a justiça não eram por todos abarcados. Pessoas com situações financeiras confortáveis podiam buscar o Poder Judiciário; pessoas com baixo poder aquisitivo ficavam à margem desse acesso. Ademais, as pessoas não tinham o conhecimento sobre quais eram os seus direitos e como tutelá-los. Cappelletti e Garth (1988, p. 9-10) apresentam que não havia preocupações nem o reconhecimento como problemas do acesso das pessoas à justiça; havia apenas o direito de buscarem o Poder Judiciário diante da necessidade de verificarem alguns direitos, mas quem iria ou como iria não eram preocupações do Estado. Existia um "acesso formal, mas não efetivo à justiça, correspondia à igualdade apenas formal, mas não efetiva", pois existia um distanciamento acentuado entre o sistema jurídico e a realidade social.

A partir dessas preocupações emergidas desde de 1965, conforme evidenciam Cappelletti e Garth (1988, p. 31), houve um despertar pelo "interesse em torno do acesso efetivo à Justiça", o que ensejou na identificação das três ondas de acesso, assim intituladas pelos referidos autores. Essas ondas receberam suas numerações conforme a ordem cronológica de cada uma. Desse modo, os autores esclarecem:

> Podemos afirmar que a primeira solução para o acesso – a primeira "onda" desse movimento novo – foi a assistência judiciária; a segunda dizia respeito às reformas tendentes a proporcionar representação jurídica para os interesses "difusos"; e o terceiro – e mais recente – é o que nos propomos a chamar de simplesmente "enfoque de acesso à justiça" porque inclui os posicionamentos anteriores, mas vai muito além deles, representando, dessa forma, uma tentativa de atacar as barreiras ao acesso de modo mais articulado e compreensivo (CAPPELLETTI; GARTH, 1988, p. 31).

É através dos estudos realizados por Cappelletti e Garth (1988, p. 31) que se tem um panorama sobre os obstáculos do acesso à justiça e das medidas implementadas para saná-los. A primeira onda, intitulada pelos autores como "Assistência Judiciária para os pobres", visava combater a desigualdade financeira e postulatória entre os indivíduos, para que aqueles que não tivessem condições financeiras para assumir os custos com o processo e com os honorários advocatícios pudessem configurar como autor ou réu perante a justiça com as mesmas "paridades de armas".

Para tanto, foram criados os institutos da Justiça Gratuita e da Assistência Judiciária. Sobre a primeira, conforme Barreto e Thiel (2021, p. 28), "(...) consiste no direito de a parte ter gratuidade em todas as taxas judiciárias, custas, emolumentos, despesas com editais, honorários de peritos, etc.". No entanto, o pagamento dos honorários não era contemplado, visto que a gratuidade não era estendida aos honorários advocatícios, devendo o indivíduo arcar com essa despesa. Em relação à Assistência Judiciária, as autoras evidenciam que "corresponde ao direito de a parte ter um advogado pago pelo Estado, bem como a isenção de todas as despesas e taxas processuais, isto é, a gratuidade se estende tanto para os honorários advocatícios como para as despesas e taxas processuais".

Considerando o contexto do sistema jurídico brasileiro, a instituição da Justiça Gratuita se deu através da Lei nº 1.060/1950, mas teve a revogação dos seus artigos 2º, 3º, 4º, 7º, 11, 12 e 17 pela Lei nº 13.105/2015 (Novo Código de Processo Civil). Esta última traz, no artigo 1072, inciso III, a nova base legal do referido instituto. Sobre a Assistência Judiciária, verifica-se que há uma legislação esparsa, haja vista não dispor de lei específica, tendo como bases legais a Constituição Federal, artigo 5º, inciso LXXIV, a Lei nº 1060/1950, a Lei Complementar nº 80/1994 (Lei das Defensorias Públicas no âmbito Federal, Distrital, Territorial e Estadual) e a Lei nº 13.105/2015 (Novo Código de Processo Civil) (BARRETO; THIEL, 2021).

Verifica-se, com isso, que medidas foram tomadas para que todas as pessoas pudessem levar suas demandas ao conhecimento do Poder Judiciário, independentemente, de sua condição financeira e social. Trata-se de sanar as desvantagens e garantir que todos tenham acesso aos serviços da justiça.

A segunda onda foi denominada "Representação dos interesses difusos". Para Cappelletti e Garth (1988, p. 26), "Os interesses 'difusos' são interesses fragmentados ou coletivos tais como o direito ao ambiente saudável, ou à proteção do consumidor". Essa barreira de acesso à justiça compreendia um grande desafio, haja vista tratar de situações cujos contornos não possuíam nitidez de definição. Por exemplo, quem são os titulares de direitos de determinada demanda que envolve o desmatamento de uma área preservada? Como a comunidade poderá ser ressarcida pelos danos causados pelo infrator? Para os autores, "o problema básico que eles apresentam é a razão de sua natureza difusa" e acrescentam "ou ninguém tem direito a corrigir a lesão a um interesse coletivo, ou o prêmio para qualquer indivíduo buscar essa correção é pequeno demais para induzi-lo a tentar uma ação". Essa situação deixou por muito tempo à margem o tratamento de conflitos relativos a esses direitos públicos, verificados com a criação de mecanismos que pudessem garantir a representação dos interesses difusos.

Em relação à terceira onda, Cappelletti e Garth (1988, p. 67-68) a intitularam "Do acesso à representação em juízo a uma concepção mais ampla de acesso à justiça". Um enfoque de acesso à justiça. Esse enfoque seria mais amplo, envolvendo a seara judicial e a extrajudicial, bem como todos que estão envolvidos no processo e prevenção de conflitos nas sociedades modernas, o que corresponde a procedimentos, mecanismos, instituições e pessoas.

Com o "novo enfoque" compreende-se que o acesso à justiça se mantém na facilitação do acesso do cidadão ao Poder Judiciário, sob uma perspectiva de igualdade entre as partes, no sentido de possibilidades postulatória e financeira. Essas possibilidades são encaradas como medidas de acesso à justiça que compreendem um universo maior, com possibilidades e/ou medidas que têm o mesmo fim: tornar o acesso à justiça efetivo.

Vislumbra-se, assim, a mudança de visão. O acesso à justiça não é apenas chegar ao Poder Judiciário, mas obter respostas adequadas, rápidas e efetivas, que atendam à realidade social de cada envolvido, a partir da oferta de outros métodos e formas de resolução de conflitos, podendo ser realizado no âmbito judicial ou extrajudicial.

Acompanhando esse pensamento de que o Acesso à Justiça é amplo, e sua efetividade exige uma visão holística do cenário social e jurídico, destaca-se o entendimento de Economides (1998 *apud* BACELLAR, 2012, p. 19), em que assevera sobre a existência da quarta onda "voltada para os operadores do direito", que tem como foco "(...) expor as dimensões éticas dos profissionais que se empenham em viabilizar o acesso à justiça (...)". Ademais, acrescenta que se refere "(...) à própria concepção de justiça; ela indica importantes e novos desafios tanto para a responsabilidade profissional como para o ensino jurídico".

Não basta olhar para leis, procedimentos e dificuldades de acesso ao judiciário; deve-se voltar para aqueles que atuam como intermediadores no processo de efetivação do acesso à justiça. Deve-se estimular a autorreflexão desses profissionais, para que eles compreendam de fato o seu papel e importância e conheçam quais os efeitos das suas ações para a efetividade do acesso à justiça, buscando, caso seja necessário, um reposicionamento e adequação às exigências da realidade social para a efetivação da justiça.

Constantemente a busca pela efetividade do Acesso à Justiça muda de caminho, de estratégia e de compreensão. São diversas as nuances que irão implicar para tal efetividade, pois considera-se as necessidades sociais de determinado espaço de tempo. Como exemplo, verifica-se o que assevera Bacellar (2012, p. 19) em relação ao contexto do sistema jurídico brasileiro, pois para o autor "No Brasil da pós-modernidade, em face do grande número de processos litigiosos existentes e do surpreendente índice de congestionamento dos tribunais, surge o que qualificamos como uma quinta onda (nossa posição) (...)". Ademais, o autor acrescenta que a quinta onda está "voltada para o desenvolvimento de ações em dois aspectos" que compreendem a "saída da justiça (em relação aos conflitos judicializados)" e a "oferta de métodos ou meios adequados de solução de conflitos, dentro ou fora do Estado, no contexto do que denominamos (nossa posição) acesso à justiça como acesso à resolução adequada do conflito".

Sobre essa abordagem, Barreto e Thiel (2021, p. 31) esclarecem que se "identifica uma nova movimentação no processo evolutivo do acesso à Justiça, a partir da realidade brasileira" e que se configura dessa forma devido à "facilidade na entrada de demandas processuais no Poder Judiciário brasileiro, no entanto, há uma pequena saída (resolução) dessas demandas processuais", o que exige "repensar as ações, para que se possa otimizar a saída dos processos, considerando a resolução justa dos mesmos, visto que a entrada, de certa forma, estar otimizada e facilitada".

Barreto e Thiel (2021, p. 31) continuam afirmando que "a saída precisa ser reestruturada, pois muitas são as insatisfações com a demora da justiça", e que essa problemática engloba ainda a "existência dos vários procedimentos e recursos judiciais", assim como a produção de "decisão judicial que não contempla a realidade dos envolvidos". Essas questões "obstam a celeridade e a efetividade, portanto, o acesso à justiça".

Um fato que deixa evidente a característica volátil do acesso à justiça é o cenário pandêmico provocado pelas medidas de combate à Covid-19, que impedem o contato físico entre as pessoas. Questões que antes eram consideradas superadas voltam a ser foco de grandes preocupações; como exemplo, é possível citar que o uso do sistema de videoconferência para realização das audiências se tornou oficial, e garantir o acesso à justiça para todos através desse canal mostra-se desafiador, visto que há quantidade expressiva de pessoas que não possuem recursos tecnológicos (internet, celular, computador etc.) e não têm conhecimento (habilidades) para manusear esses instrumentos. Ademais, diante da espera (processo normal) para a realização da audiência, como garantir a celeridade, considerando a falha de conectividade e necessidade de redesignação da audiência para data futura e muitas vezes incerta? Inclusive com a possibilidade de que não se realize a audiência futura, por motivo de falhas na conexão novamente.

Destaca-se, com isso, que os obstáculos se renovam, que a busca pela efetividade do acesso à justiça é renovada constantemente e que a construção de um conceito de acesso à justiça na contemporaneidade deve considerar as transformações ocorridas na sociedade nos últimos 60 anos nos contextos público e privado, ou seja, deve-se pautar na sua natureza dinâmica, patrocinada pelas mudanças ocorridas no mundo social que inferem diretamente no mundo jurídico, pois conforme Perlingieri (2002, p. 2), o mundo jurídico "(...) constitui o aspecto normativo do fenômeno social". Assim, embora presente no cotidiano social e jurídico, a conceituação do acesso à justiça se revela complexa, apresentando a necessidade de um olhar sensível, abrangente e interdisciplinar.

Compreende-se que as transformações estão associadas à mudança de mentalidade dos operadores/intérpretes do Direito e nos processos de readequação da estrutura física, ambiental, procedimental, cultural, social, econômica e política do Estado, para se dispor de um sistema adequado de resolução de controvérsias, o que implica o redimensionamento de ações a serem implementadas.

Esse redimensionamento configura-se em estruturar uma prestação de serviços de qualidade e que atenda a todos os usuários, consolidando-se em uma atividade que permita o atendimento de todas as nuances que compõem o contexto estrutural do Sistema de Justiça, os diferentes perfis e necessidades da sociedade, em uma perspectiva de "redemocratização do acesso à justiça" (SANTOS, 2014, p. 4).

Compreende-se que o acesso à justiça não se finda, pois sua marca é a mutabilidade, a variedade e a inconstância. Ele é volúvel, multifacetado e multifuncional. Não há uma conceituação com uma definição única, permanente, porém seu conceito se adéqua às circunstâncias da realidade e aos reflexos dessas circunstâncias no mundo jurídico.

Cappelletti e Garth (1988, p. 8) afirmam que "a expressão 'acesso à Justiça' é reconhecidamente de difícil definição (...)" e, na tentativa de defini-la, apresentam que "serve para determinar duas finalidades básicas do sistema jurídico (...)", quais sejam: determinar "o sistema pelo qual as pessoas podem reivindicar seus direitos" e determinar o sistema pelo qual as pessoas podem "resolver seus litígios", todas essas possibilidades "sob os auspícios do Estado". Considerando esse olhar, verifica-se que ele se apresenta como fator determinante para a configuração do sistema jurídico de uma sociedade e que cabe ao Estado sua promoção e proteção. No entanto, verifica-se que hoje o Estado, sozinho, não consegue atender às demandas e aos anseios sociais.

Assim, atender aos escopos constitucionais relativos ao acesso à justiça e à efetividade jurisdicional pautados apenas no modelo tradicional de tratamento dos conflitos, ou seja, na aplicação da legislação, mostra-se inviável, o que requer, conforme Mancuso (2019, p. 26-27), "uma profunda atualização e contextualização em seu significado", pois essa visão tradicional "atrelada à singela aplicação da lei aos fatos da lide, hoje está defasada e é insuficiente (...)", isto é, houve grandes mudanças, e as relações, em todos os seus aspectos, tornaram-se cada vez mais complexas, numerosas e peculiares. O Estado mostrou não atender às necessidades sociais de "reivindicação de direitos" e de "resolver os litígios," conforme o que preceituam Cappelletti e Garth (1988, p. 8) ao descreverem que o adequado sistema jurídico deve ser "(...) igualmente acessível a todos" e produtor de "resultados que sejam individual e socialmente justos".

Para Theodoro Júnior (2019, p. 9, grifo do autor), "Quando se pensa em processo justo, cogita-se, desde logo, de sua *efetividade e eficiência*, para tutelar adequadamente os direitos lesados ou ameaçados". Isso envolve a necessidade de garantir a apreciação (tratamento adequado), resposta efetiva e satisfação dos interesses dos envolvidos.

Barreto e Thiel (2021, p. 36) evidenciam que a efetividade "É um complexo de ações e fatores, que não se limita em realizar atividade prática de forma ordenada, mas a de conseguir materializar as expectativas daqueles que procuram a justiça". Para as autoras, trata-se do "enfrentamento do abstrato e do concreto, pois o intuito é de tirar o direito do plano das ideias e transformá-lo em realidade, alinhavado ao interesse individual e do bem comum". Seria, na verdade, "atender a todos sem distinção, proporcionar atendimento em tempo razoável com recursos inovadores, tecnológicos e práticos, assim como produzir decisões efetivas, considerando o melhor custo-benefício para a realização dessas atividades".

Watanabe (2019, p. 109-110) apresenta uma posição mais abrangente sobre a conceituação do acesso à justiça. Para o autor, "o conceito de acesso à justiça passou por uma importante atualização", constituindo-se em "acesso à ordem jurídica justa", que compreende não apenas tratar os conflitos das pessoas, como também atendê-las em "situação de problemas jurídicos que impeçam o pleno exercício da cidadania". O autor exemplifica que "o pleno exercício da cidadania" está relacionado à obtenção de documentos das pessoas, seus familiares e de seus bens. Ademais, o pesquisador enfatiza que "o acesso à justiça nessa dimensão mais atualizada é mais amplo e abrange não apenas a esfera judicial, como também a extrajudicial".

Nesse sentido, sobre o conceito de acesso à justiça, destaca-se, mais uma vez, sua natureza dinâmica, influenciada diretamente pelas transformações ocorridas no mundo social, visto que se transforma no tempo, conforme as necessidades e as demandas da sociedade. Outrossim, verifica-se que a sua efetividade está relacionada ao compartilhamento da incumbência em tratar os conflitos com outros atores sociais, assim como buscar proximidade crescente entre o mundo jurídico e a realidade social, ou seja, atender adequadamente aos interesses dos envolvidos a partir de métodos apropriados, em ambiente judicial ou extrajudicial, visando ofertar serviços para resolver e pacificar conflitos, bem como garantir direitos.

2.2 Acesso à justiça e os meios de resolução e pacificação dos conflitos

O mundo jurídico é conduzido por um sistema jurídico. Conforme Perlingieri (2002, p. 2), trata-se de um "conjunto de princípios e regras". O sistema jurídico busca a racionalidade para organizar e sistematizar as transmutações do agir humano, conforme as peculiaridades do caso concreto e os interesses dos indivíduos sob o olhar das normas jurídicas para que a ordem seja preservada.

Considerando a característica mutante da sociedade, enfatiza-se que toda e qualquer transformação no mundo social reflete no mundo jurídico e, segundo Perlingieri (2002, p. 9), "a transformação da realidade social em qualquer dos seus aspectos (diversos daquele aspecto normativo em sentido estrito) significa a transformação da 'realidade normativa' e vice-versa".

Desse modo, percebe-se esse movimento quando os institutos jurídicos ora são extintos, ora são transformados, e outros novos nascem com o propósito de acompanhar o dinamismo social. Mancuso (2019, p. 25) assevera, a respeito das mudanças na sociedade, que "Tal repercussão se deu assim no Direito Positivo como na *práxis* judiciária (...)".

Como já observado, embora se perceba a tentativa de acompanhamento simultâneo do mundo jurídico para com a dinâmica social, verifica-se a sobrecarga do Estado para, sozinho, atender aos escopos constitucionais relativos ao acesso à justiça e à efetividade jurisdicional das demandas, principalmente com a utilização apenas da forma tradicional de tratamento dos conflitos: a produção de sentença.

Vislumbra-se o entendimento de que, seguindo o padrão tradicional, isto é, investir e valorizar apenas um único método para o tratamento dos conflitos, como o processo judicial, o Estado não disporá de condições para tratar, de modo eficaz, os conflitos da sociedade, atualmente com tantas variantes. Grinover (2015, p. 2) assevera que:

> O formalismo, a complicação procedimental, a burocratização, a dificuldade de acesso ao Judiciário, o aumento das causas de litigiosidades numa sociedade cada vez mais complexa e conflituosa, a própria mentalidade dos operadores do direito, tudo contribuiu para demonstrar a insuficiência ou inadequação da exclusividade da tutela estatal.

Observa-se, com o exposto, que a não funcionalidade do sistema a contento, ocasionando a exposição da precariedade no seu realizar, implica não conseguir atender a uma diversidade de variantes em seu contexto, principalmente em razão do formalismo e da burocratização. Com isso, é evidente que o acesso à justiça deve ser pautado em resolver os conflitos e atender aos reais objetivos de pacificação social, de modo mais flexível, conforme a necessidade e a realidade de cada tempo e sociedade, porém ancorado na legalidade.

Em consonância, para resolver e pacificar conflitos[7] no âmbito judicial, deve-se considerar as variantes, as mutações das necessidades sociais e jurídicas. Por exemplo, o Processo Civil deve ser contextualizado com as normas constituicionais, isto é, deve ser aplicado com base na visão contemporânea do fenômeno da Constitucionalização do Processo e do Direito Civil, como forma de respeitar os princípios constitucionais, as legislações codificadas e específicas, bem como as necessidades e os interesses dos conflitantes, na perspectiva do Estado Democrático de Direito. Para Perlingieri (2002, p. 6), a questão está na

---

[7] Sobre a distinção entre resolver conflito e pacificar os conflitos, busca-se a compreensão de Watanabe (2019, p. 60) pautado no princípio da adequação, para se ter uma solução adequada para cada tipo de conflito. Assim, o autor dispõe que "a técnica de hoje de solução pelo juiz, por meio de sentença, é uma mera técnica de solução de conflitos, e não uma técnica de pacificação dos conflitantes". Outrossim, faz-se referência a Filgueiras (2012, p. 12) ao dizer que "a resolução de conflitos se adéqua como resolução rápida e definitiva para problemas nos quais os relacionamentos não estão envolvidos", nos casos em que "as relações passadas e futuras estão presentes fica evidente a necessidade de uma abordagem mais ampla".

"correta individuação do problema", pois para o autor "será necessário dar uma resposta", e esta deve ser procurada no "sistema como um todo", atentando para "o respeito aos valores e aos princípios fundamentais" bem como para o que dizem "os códigos" e as "leis cada vez mais numerosas e fragmentadas". Pode até haver uma informalidade no tratamento dos conflitos através de outros mecanismos, para adequar os interesses dos conflitantes, mas não há a ilegalidade. Todos os atos devem estar em consonância com a legalidade, o que não significa dizer que devem ser burocráticos, complicados e com excesso de formalidades.

Outrossim, parte-se da ideia de que se tem duas abordagens para tratar o conflito – uma denominada por resolução do conflito, que se utiliza de técnicas que irão propiciar a resolução rápida, imediata, objetiva (WATANABE, 2019). E outra, chamada de pacificação do conflito, que se utilizará de métodos e técnicas que terão como fim o tratamento integral do conflito, com o foco de pacificação social, buscando uma transformação daqueles que vivem o conflito (LEDERACH, 2012).

Como exemplo, cita-se que a primeira abordagem está relacionada ao método processual em que um terceiro conhecerá os fatos e os submeterá às lentes do Direito, considerando sempre as leis, as normas constitucionais e os princípios, para emitir uma decisão (resolver o conflito). Perlingieri (2002, p. 5) chama a atenção para que, diante da necessidade de resolver as controvérsias a partir do processo, não se deve buscar apenas "o artigo de lei que parece contê-la e resolvê-la", mas também a solução "à luz do inteiro ordenamento jurídico", considerando "a prioridade das normas constitucionais", em especial "seus princípios fundamentais, considerados como a opção de base que o caracterizam". Essa metodologia utiliza como meio a heterocomposição, a partir do método processual, ou seja, a partir da jurisdição estatal, tendo como resultado a solução através de uma sentença.

Cita-se ainda outro método pertencente ao meio da heterocomposição, cujo fim é resolver o conflito. Trata-se da arbitragem, um método de natureza privada em que um terceiro decide pelas partes, e estas, por compromisso, submetem-se a atender à decisão (CARMONA, 2009).

No tocante à pacificação dos conflitos, compreende-se que se deve dispor de um sistema jurídico que também privilegie outras formas de tratamento, as quais disponham de técnicas que tratem o conflito na sua integralidade, com o fim de mudar a mentalidade das pessoas diante de situações de conflitos e que visem à pacificação social. Aqui refere-se a outros mecanismos, tais como a negociação, a conciliação, a mediação etc. Formas de pacificação dos conflitos que compreendem a autocomposição e têm como resultado o entendimento construído pelos próprios conflitantes com base no que é realizável e legal.

    Essa vinculação à legalidade nem sempre é atendida quando os conflitos são tratados no âmbito extrajudicial por meios autocompositivos. Splenger (2021, p. 28), ao falar da mediação, mecanismo autocompositivo, evidencia que se trata de "um modelo de justiça que foge da determinação rigorosa das regras jurídicas, abrindo-se à participação e à liberdade de decisão entre as partes". Os envolvidos possuem uma maior liberdade de compor seus combinados, desde que eles estejam em comum acordo, podendo, por exemplo, acordar sobre o compromisso financeiro do pai com filho ficar restrito a buscar e levar o filho para escola. Essa obrigação impactaria na despesa com o transporte escolar do filho, a mãe concordando não teria óbice, pois não há a necessidade e/ou obrigação de homologação do acordo pelo Poder Judiciário. O que se leva em consideração é a concordância das partes e a real possibilidade de realizar o combinado. Uma situação dessa teria pouquíssima ou zero chance de ser homologada pelo Poder Judiciário, considerando as regras e os princípios do direito de família, que tratam sobre a obrigação da pensão alimentícia.

    Esses mecanismos dispostos como heterocompositivos e autocompositivos compreendem ao universo dos meios de solução de conflitos, porém cada um com suas peculiaridades. Para Calmon (2019, p. 26), há tipos diferentes de solução de conflitos, em que cada um possui sua própria metodologia; o autor os classifica em "a autotutela, a autocomposição e a tutela promovida por terceiro, ou seja, heterocomposição". Comungando dessa ideia, identifica-se, com o exposto, que há vários tipos de tratamento do conflito, podendo ser através do uso da força e/ou violência (autotutela), da intervenção de terceiros a partir de decisões para a resolução final do conflito (heterocomposição), bem como da consensualidade, em que os envolvidos (partes) buscam a construção do entendimento para a adequada pacificação do conflito (autocomposição).

    A trilogia "autotutela, autocomposição e heterocomposição" refere-se à classificação clássica do professor Alcalá Zamora Y Castillo, que conforme Calmon (2019, p. 28-29) é aceita e reconhecida universalmente. Para o autor, há, na atualidade, outras classificações; no entanto, com um olhar mais apurado, verifica-se que se trata apenas de alterações terminológicas, pois possuem a mesma lógica.

Dentre as classificações atuais, cita-se a de Ury, Brett e Goldberg (1995), que defendem que há três formas de resolver conflitos, quais sejam: considerar interesses subjacentes, determinar quem tem razão e definir quem é mais poderoso. Ao relacionar essa classificação com a classificação clássica, verifica-se, facilmente, as suas inter-relações. Calmon (2019) compreende haver uma orientação idêntica entre essas duas classificações, assim ele traduz da seguinte forma: a resolução pelos interesses, pelos direitos ou pelo poder, fazendo a interpretação de que "interesse" está relacionado à autocomposição; "direitos" relacionam-se à heterocomposição; e "poder" relaciona-se a autotutela. Ou seja, possuem a mesma orientação proposta pela classificação clássica do professor Alcalá Zamora Y Castillo.

A classificação proposta por Moore (1998, p. 21) apresenta que para a resolução dos conflitos há as seguintes situações: "tomada de decisão particular feita pelas partes; tomada de decisão particular feita pela terceira parte; tomada de decisão legal (pública) e autoritária feita pela terceira parte; e tomada de decisão coercitiva extralegal".

A "tomada de decisão particular feita pelas partes" compreende os seguintes métodos: evitação do conflito, discussão informal e resolução do problema, negociação e mediação. Esses métodos representam a autocomposição, tendo em vista que as próprias partes é que são responsáveis pela decisão. Na "tomada de decisão feita pela terceira parte" tem-se duas possibilidades de sua realização: uma que é de natureza privada, e a outra de caráter público, em que se utiliza dos métodos da decisão administrativa e da arbitragem, bem como da decisão judicial e da decisão legislativa. Essa decisão se relaciona com a heterocomposição, em que um terceiro é que decidirá sobre a possível solução do conflito. Há ainda a "tomada de decisão coercitiva extralegal", em que se recorre à ação direta não violenta, assim como à própria violência para resolver os conflitos. Essa hipótese se relaciona com o meio de solução de conflitos como a autotutela.

Com essa análise, verifica-se a coerência do pensamento de Calmon (2019, p. 30) sobre a hegemonia da classificação dos meios de solução de conflitos proposta pelo mexicano Alcalá Zamora Y Castillo, ao dispor que "só há três meios de solução de conflitos: autotutela, autocomposição e heterocomposição". Mesmo que haja uma ampliação de informações a respeito, elas se mostraram, até o momento, insuficientes para superar a classificação clássica dos meios de solução de conflitos, isto é, possuem a mesma essência. Portanto, a referência para essa pesquisa será a trilogia clássica "autotutela, autocomposição e heterocomposição".

2.2.1 Autotutela

Os meios de solução de conflitos (autotutela, autocomposição e heterocomposição) adotam técnicas diferentes para resolver e/ou pacificar os conflitos. A classificação desses meios se dá em razão de que para cada situação se tem uma forma de fazer e atuar.

A metodologia utilizada pela autotutela, como já tratado anteriormente, utiliza-se do uso da força (violência), situação na qual as próprias partes, a partir de suas intuições, agem movidas pelos sentimentos e compreensões pessoais com o fim de adquirir algo em relação ao outro. Calmon (2019, p. 24) dispõe que a autotutela é um tipo de solução de conflitos em que "uma das partes impõe o sacrifício do interesse da outra" e que a sua metodologia se configura "pelo uso ou ameaça de uso da força, perspicácia ou espertza", aplicada de forma "generalizada somente em sociedades primitivas, pois conduz ao descontrole social e à prevalência da violência".

Calmon (2019, p. 24-25) acrescenta que "Nas sociedades organizadas a autotutela é, em regra, proibida", apresentando como exceção algumas situações relacionadas à "urgência ou de proporcionalidade entre valores em jogo" tais como "legítima defesa", "desforço imediato contra o invasor", "penhor legal", "retenção por benfeitorias", "autoexecutoriedade dos atos administrativos", "a greve", "a rescisão indireta" e a "punição dos empregados". Prossegue o autor que, no Direito Internacional, a utilização da autotutela dar-se "como uma forma usual de solução de conflitos" em que se configura com "a represália", "o embargo", "o bloqueio", "a ruptura de relações diplomáticas" e "a guerra".

Diferente dessas situações acima, o uso da autotutela mostra-se ilegal, perigoso e irresponsável, tendo em vista que há uma tentativa de "fazer justiça com as próprias mãos", o que pode desencadear situações de insegurança (confronto violento, medidas precipitadas que afetam a estabilidade social e econômica etc.) e/ou uma perda (morte de uma ou mais pessoas), dando forma a uma situação de descontrole social complexa e mais severa, comprometendo o Estado Democrático de Direito.

2.2.2 Autocomposição

Sobre a autocomposição, enfatiza-se que, similar à autotutela, a sua existência precede aos meios heterocompositivos. Ela se relaciona à natureza humana, à cultura e aos costumes de determinada sociedade. Esses elementos constituem o universo social e influenciam diretamente na configuração da autocomposição. Esta, como já dito, aparece em momento anterior e, portanto, apresenta-se desvinculada da heterocomposição (jurisdição estatal); sobre a heterocomposição, trata-se de um meio de solução de conflitos que surgiu posteriormente à autocomposição, a partir de um processo evolutivo da sociedade. Calmon (2019, p. 86) ressalta que "a organização estatal é posterior à informalidade das relações sociais, nelas incluída a autocomposição, os mecanismos para a sua obtenção e a arbitragem".

A autocomposição está associada à busca pela solução dos conflitos a partir de ajustes feitos pelos envolvidos com o intuito de atingir uma estabilidade comunicacional, relacional (relação contínua ou não contínua) e dos interesses em questão, de um entendimento que contemple a satisfação de todos ou, pelo menos, que amenize a insatisfação dos envolvidos diante do conflito e/ou das consequências do conflito. Para Calmon (2019, p. 51), "a *autocomposição* é fruto do consenso".

A autocomposição é compreendida ainda como um processo natural, intuitivo, bem como técnico e sistematizado, visto que sua utilização ocorre de duas formas: como processo natural (espontâneo) e como um processo sistematizado (coordenado).

A primeira ocorre quando as pessoas envolvidas em um conflito inicialmente buscam a tentativa de resolvê-lo junto ao outro envolvido ou envolvida através de um diálogo, uma conversa. Essa prática é uma prática autocompositiva, mesmo que não seja realizada por um profissional ou em um ambiente especializado para o tratamento dos conflitos. Sobre a segunda forma, verifica-se que é o tratamento do conflito de modo sistematizado, com técnicas apropriadas, através de um profissional e em um ambiente especializado. A busca pelo processo sistematizado da autocomposição dá-se, geralmente, após a tentativa de resolução pelo processo natural. Em consonância, Calmon (2019, p. 54) assevera que "é sempre possível a solução amigável (...), a princípio as pessoas entendem-se na maioria de suas relações, desenvolvendo-as naturalmente", e "não sendo possível, iniciam a cogitar da busca de algum meio institucional de solução de controvérsias (geralmente o processual)". Na maioria das vezes, quando não se tem êxito na tentativa autocompositiva é que buscam pelos meios heterocompositivos.

Isso é verificável principalmente com as demandas que envolvem questões de família, relação de vizinhança, relações contratuais que são judicializadas. Quando essas demandas chegam ao Poder Judiciário é porque já se esgotaram todas as tentativas de solução diretamente entre os envolvidos, ou seja, através dos seus próprios esforços.

Percebe-se que há variações na utilização da autocomposição. Ela pode acontecer apenas e diretamente com os conflitantes (negociação); conforme Guilherme (2016, p. 18), "é um procedimento dinâmico em que as partes procuram chegar a um acordo que possa satisfazer a ambas, de modo que é necessária a contribuição de cada uma (...)" e/ou por uma conversa intermediada por um terceiro imparcial (mediador/conciliador) que conduzirá o procedimento, com uso sistematizado de técnicas, controle do tempo, organização dos encontros e da agenda (pauta) a ser tratada. Calmon (2019, p. 119) dispõe que essa modalidade de autocomposição se caracteriza "pela participação de terceiro imparcial que auxilia, facilita e incentiva os envolvidos", bem como é "estabelecido em método próprio, informal, porém coordenado".

Existem, ainda, olhares diferentes para a forma como se configura a autocomposição intermediada por um terceiro. Esse terceiro pode ser uma pessoa de confiança dos conflitantes, sem, necessariamente, ter conhecimento técnico do procedimento sistematizado da mediação/conciliação, mas que na situação atua como um terceiro que tentará restabelecer a comunicação entre os envolvidos, para que se verifique a possibilidade de realizar ajustes diante da realidade. Nesse sentido, pode-se falar que a autocomposição é vista como um meio atécnico e intuitivo, pois acontece de modo espontâneo, baseado na intuição e nas experiências da vida, sob o formato empírico. Calmon (2019, p.120) contribui dizendo que o procedimento informal "ocorre no dia a dia em variadas situações desde a interferência de parentes e amigos até a de líderes comunitários e religiosos".

Quando a autocomposição é realizada por um profissional que detém conhecimento técnico e especializado, a partir de uma técnica sistematizada, refere-se a um meio de solução de conflito sistematizado, baseado no conhecimento científico, advindo do estudo da técnica e de teorias que o consolidam. Calmon (2019, p. 120) esclarece haver o surgimento de um fazer pautado em "um mecanismo formal, estruturado, fortalecido por técnicas e teorias, estudado por inúmeras ciências".

Observa-se, ainda, que apesar da sua prática empírica, espontânea e não sistematizada, associada à natureza humana de buscar a resolução de conflitos, vislumbra-se, aqui, o olhar direcionado para o meio da autocomposição no seu aspecto científico, técnico, sistematizado, realizado por um profissional nos âmbitos judicial e extrajudicial, pautado nas diferentes teorias relativas ao conflito e aos modelos ou escolas de mediação de conflitos, tais como Modelo de Negociação de Harvard – Escola Tradicional Linear, Escola de Mediação Circular-Narrativo e Escola de Mediação Transformativa.

A autocomposição sistematizada pode ocorrer em dois ambientes: no ambiente judicial e no ambiente extrajudicial. A autocomposição vista pelo ângulo processual (judicial) refere-se a uma fase do processo, ou seja, do cumprimento da fase conciliatória, a partir da realização da sessão de mediação e/ou da audiência de conciliação, conforme o disposto no artigo 334 da Lei nº 13.105/2015 (Novo Código de Processo Civil), assim como as situações de renúncia (art. 487, inciso III, alínea "c", da mesma Lei) e desistência (art. 200, Parágrafo único, da Lei nº 13.105/2015) (BRASIL, 2015c).

Ademais, quando da existência no processo judicial, a autocomposição pode ocorrer "endoprocessual e extraprocessual" (CINTRA; DINAMARCO; GRINOVER, 2015, p. 52), sendo a primeira aquela que ocorre dentro do processo judicial, isto é, quando há um processo judicial em curso. A segunda, denominada de extraprocessual, possui dois aspectos: quando não existe o processo judicial, e as tratativas são realizadas extrajudicialmente, através de uma câmara de mediação e arbitragem ou por um profissional independente, que atua como mediador/conciliador, ou seja, fora do ambiente judicial, sem a intervenção do auxiliar da justiça (mediador judicial/conciliador judicial) ou do magistrado; e quando há apenas a ocorrência do processo judicial configurado como Pedido de Mediação pré-processual para ser resolvido ou pacificado nos Centros Judiciários de Solução de Conflitos.

Cumpre enfatizar que em qualquer fase do processo existe a possibilidade da tentativa de autocomposição. Nessa hipótese, atende-se à condição de autocomposição endoprocessual, podendo ser "estimulada por juízes, promotores, advogados, defensores públicos e/ou ainda a pedido das partes do processo", conforme consta nos §2º e §3º do artigo 3º da Lei nº 13.105/2015 (BRASIL, 2015c).

Outrossim, na autocomposição judicial os mecanismos de solução de conflitos oficiais do Poder Judiciário são a mediação e a conciliação, haja vista serem os mecanismos regulamentados pela Resolução 125/2010 – CNJ e pelo Código de Processo Civil através da Lei nº 13.105/2015 para esse fim.

Considerando a autocomposição extraprocessual, relativa ao ambiente extrajudicial, verifica-se que nessa hipótese, de fato, acontece afastada do ambiente judicial, podendo ser realizada em Câmaras de mediação e arbitragem ou por um profissional privado, independente, desvinculado do Poder Judiciário. Sua forma de tratamento dar-se por diversos mecanismos (negociação, conciliação, mediação, escalonamento de métodos [med-arb; arb-med], práticas colaborativas entre outros), em que os conflitantes, através dos seus próprios esforços e/ou em ações mútuas/conjuntas, coordenadas por um terceiro imparcial, buscam a solução para os seus conflitos.

A hipótese da autocomposição extraprocessual no ambiente do Poder Judiciário ocorre mediante Pedido de Mediação pré-processual, sendo regulamentada com a instituição da Política Judiciária de Tratamento dos Conflitos de Interesses, através da Resolução nº 125/2010, do CNJ, em que existe a possibilidade da tentativa de autocomposição antes da judicialização da demanda, ou seja, existe a possibilidade de tratar a demanda na modalidade pré-processual antes do processo judicial, porém na estrutura do Poder Judiciário.

Ao verificar a experiência do Tribunal de Justiça do Maranhão, constata-se que a solicitação desse serviço (Pedido de Mediação pré-processual) é registrada junto ao Processo Judicial Eletrônico (PJE), sistema de informações e de dados do Poder Judiciário. Nessa modalidade, faz-se o agendamento da audiência de conciliação ou da sessão de mediação. Realizadas com acordo, encaminha-se para a homologação. Não ocorrendo o acordo, arquiva-se o Pedido de Mediação pré-processual, podendo as partes, posteriormente, judicializarem a demanda sem nenhum prejuízo.

Tem-se um universo autocompositivo vasto e com inúmeras configurações, dentre elas negociação, mediação, práticas colaborativas, abordagem relacional etc. A modalidade autocompositiva tem se destacado em importância, devido a sua utilização ter apresentado crescimento na sociedade, uma vez que detém vantagens de celeridade, autonomia da vontade das partes, construção consciente e responsável das tratativas, controle do tempo e custo-benefício calculado, sendo inclusive realizada por profissionais e em ambientes especializados no tratamento de conflitos tanto no âmbito judicial quanto extrajudicial.

2.2.3 Heterocomposição

Resolver conflito consiste em encontrar meios que propiciem a adequada solução. A adequada solução é aquela que consegue solucionar o conflito considerando as peculiaridades do caso concreto. Solucionar através de uma imposição ou de uma consensualidade depende da situação apresentada. Conforme o entendimento de Calmon (2019, p. 30), compreende-se que para resolver conflitos se deve buscar duas possibilidades: o entendimento mútuo (consensualidade) e/ou a decisão construída por um terceiro imparcial (imposição). A primeira hipótese refere-se ao meio de solução de conflitos conhecido como autocomposição. A segunda refere-se ao meio de solução de conflitos denominado heterocomposição.

A heterocomposição é o meio de solução de conflito em que um terceiro imparcial (juiz ou árbitro) tentará solucionar o conflito existente, por uma decisão final, construída por esse profissional, visando pôr fim à demanda. Calmon (2019, p. 30) assevera que na heterocomposição o juiz ou o árbitro "impõe a solução aos litigantes, que são obrigados a aceitá-la", ou seja, com esse meio é atribuída ao terceiro imparcial a responsabilidade pela construção da decisão que solucionará o conflito, cabendo às partes apenas aceitar e cumprir tal decisão.

Os mecanismos de solução de conflitos pertencentes à heterocomposição são o processo administrativo, a jurisdição estatal (processo judicial) e a arbitragem. Destaca-se os dois últimos, tendo em vista a delimitação do estudo. O processo judicial detém natureza pública, e para Splenger (2016, p. 41) "a jurisdição aparece como uma atividade na qual o Estado substitui as partes num modelo baseado em princípios expressos na própria lei e universalmente reconhecidos". O mecanismo da arbitragem possui natureza eminentemente privada e, conforme a visão de Borges (2018, p. 2), refere-se a um "método de solução extrajudicial de conflitos" em que "uma controvérsia existente entre as partes é decidida por um terceiro imparcial, denominado árbitro, e não pelo Poder Judiciário".

A característica predominante da heterocomposição é a "imposição da decisão". Através desse meio, os conflitantes não dispõem de autonomia para decidir como gostariam que o conflito fosse solucionado. Para se conhecer sobre isso, considera-se a utilização de cada mecanismo. No mecanismo da jurisdição estatal (processo judicial), os fatos e os pedidos são apresentados, e a solução se baseia no conhecimento dos fatos, contrastado com o Direito para que se verifique a procedência dos pedidos. Calmon (2019, p. 31) contribui dispondo que "na subordem heterocompositiva" a solução é proveniente de "um ato de autoridade e poder" baseada "em uma norma geral ou em equidade, e não nos interesses das partes".

Ademais, em relação à arbitragem, o conflito é apresentado ao terceiro que, por conhecimento especializado, emitirá a decisão final. A solução é baseada no conhecimento especializado (técnico e/ou legal) do terceiro imparcial. Borges (2018, p. 7) assevera que "o árbitro é um especialista no tema do litígio ou matéria objeto da controvérsia".

É comum a compreensão de que a heterocomposição é um meio de solução de conflitos primordial e de maior grandeza que os demais (autotutela e autocomposição). Calmon (2019, p. 34) esclarece que "a preponderância da jurisdição estatal, como nós a conhecemos hoje, é um mero momento histórico, sendo recomendável que se observe que esse fenômeno evolutivo pode estar produzindo, nos dias atuais, uma nova ordem de realização da justiça", isto é, todos os outros meios (autotutela e autocomposição) são meios de solução de conflitos anteriores à heterocomposição e a grandeza dos mecanismos consiste na escolha adequada destes para o tratamento do conflito, de modo que satisfaçam os interesses dos envolvidos seja pela resolução ou pela pacificação dos conflitos.

A concepção atual sobre a diversidade de oferta de mecanismos de solução de conflitos, assim como a necessidade contemporânea da sociedade para solucionar seus conflitos, mostram, sobremaneira, a incompatibilidade do pensamento de que a heterocomposição se sobrepõe a qualquer outro meio. Todos os meios são importantes, e a eficácia deles é verificada conforme o resultado do tratamento do caso concreto.

Ressalta-se que há um percentual maior de utilização entre os mecanismos, sendo a jurisdição estatal (processo judicial) o predominante. Calmon (2019, p. 37-38) explica essa característica como o "monopólio estatal" de tratamento do conflito que se desenvolveu por um grande período da história da humanidade. Outrossim, em consonância com o pensamento do autor, há "a crença das partes de que um juiz respeitável e compassivo deliberará e tomará a decisão correta e justa". Não se refere ao resultado da utilização da jurisdição estatal, mas sim à cultura incorporada no seio da sociedade.

Esse aspecto criou uma cultura paternalista, dependente do Estado, em que a autonomia das pessoas para solucionar seus conflitos foi tangenciada, surgindo uma sociedade que, diante de um conflito, recorre à decisão judicial em vez de identificar seus interesses, necessidades e sentimentos – e/ou os dos outros envolvidos – para solucionarem juntos, através de seus esforços próprios, o conflito vivenciado.

Há mudanças que demonstram a compreensão de que os outros meios também são importantes e apresentam resultados satisfatórios, eficazes e compatíveis com as necessidades da sociedade contemporânea. A heterocomposição, assim como os demais meios, devem compor esse universo, devendo ser utilizada conforme a necessidade de cada situação.

2.3 Os meios adequados de solução de conflitos e a diversidade dos mecanismos

O espaço social é marcado pela diversidade. Não se pode omitir essa realidade. Os indivíduos constantemente se transformam e transformam a sua forma de viver, de conhecer, de realizar e de solucionar seus conflitos. A diversidade dos mecanismos de solução de conflitos é uma realidade e não pode ser omitida, excluída e/ou ignorada. Ela surge da mutabilidade social, da criatividade humana, da busca constante por melhores soluções dos conflitos. Esses se transformam no decorrer do tempo e através das necessidades sociais tornam-se mais complexos, mais simples ou diferentes, exigindo novas formas e novas abordagens.

As demandas mostram-se infinitas. Diversas são as áreas que contemplam situações conflituosas na seara de família, empresarial, consumerista, societária, de relações pessoais, contratuais etc. Para cada situação particular de cada conflito, na atualidade, pode-se recorrer a um meio, um mecanismo ou método mais apropriado para a resolução e/ou solução adequada.

Os meios de solução de conflitos apresentados até aqui devem ser interpretados como meios no mesmo nível de importância; que a utilização de um ou de outro meio se relaciona com a situação particular de cada demanda, e não porque um possa ser melhor que o outro. Tudo depende da utilização adequada do meio à situação de conflito. Isso justifica a substituição da terminologia "meios alternativos de solução de conflitos" por "meios adequados de solução de conflitos" ou "meios adequados de pacificação de conflitos", conforme Calmon (2019, p. 88). Outrossim, Watanabe (2019, p. 109) contribui dizendo que o "uso da palavra 'adequados' tem o intuito de indicar uma escolha consciente por um dos vários métodos possíveis de solução de conflitos", o que envolve "o contexto e as particularidades de cada controvérsia".

Esses meios não podem ser comparados entre si a respeito de uma possível superioridade. Devem ser visualizados como formas de tratamento de conflitos que serão utilizadas conforme as peculiaridades do caso concreto. Calmon (2019, p. 87) dispõe que "o que importa, contudo, não é classificar um meio de pacificação social como ordinário ou alternativo, mas sim analisar sua operacionalidade e efetividade".

Observa-se que há uma visão de que os meios de solução de conflitos possuem uma superioridade entre eles. Geralmente, associa-se que o meio judicial (processual) é o mais importante. Watanabe (2019, p. 97) evidencia que não se pode mais "considerar o direito processual civil como ramo do Direito que estuda apenas a "técnica de solução imperativa de conflitos". Para o autor, "Há vários outros métodos de resolução de conflitos igualmente eficientes". O autor continua dispondo que em muitos casos os meios adequados de solução de conflitos "são até mais adequados e eficazes que a solução sentencial" (WATANABE, 2019, p. 97).

O objetivo dessa diversidade de mecanismos e/ou de métodos pauta-se em atender às necessidades sociais desse tempo, dessa realidade. Esse tempo exige a existência dessa diversidade metodológica. Exige, ainda, um novo olhar que perceba a igualdade entre esses mecanismos, visto que eles se complementam, e não se excluem, pois auxiliam na efetividade do acesso à justiça sob a perspectiva da ordem jurídica justa e na pacificação social.

Diante do exposto, explica-se que a incorporação de outros mecanismos e/ou métodos de solução de conflitos, seja no ambiente judicial ou no ambiente extrajudicial, está pautada na Teoria do Fórum de Múltiplas Portas[8] e implica novas possibilidades de solução dos conflitos, bem como no compartilhamento da incumbência de tratar os conflitos, deixando de ser exclusividade do Poder Judiciário.

Desse modo, identifica-se como estratégia o compartilhamento da incumbência do Estado em dizer o direito para outros segmentos da sociedade e com os próprios indivíduos, assim como a partir de outros mecanismos e/ou métodos, o que poderia otimizar a atuação estatal

---

[8] Teoria de origem estadunidense, do Prof. Frank Sander, que defende a diversidade de ofertas de métodos no âmbito judicial e extrajudicial a partir da metáfora de que o Poder Judiciário deve ter várias portas (métodos) para o tratamento do conflito, assim como o conflito poderá ser tratado por figura diferente do Estado.

ante as demandas que realmente carecem da sua exclusiva jurisdição. Mancuso (2018, p. 13, grifo do autor) acrescenta que se caminha para "a desconstrução do arraigado (e defasado) conceito de *monopólio estatal* na distribuição da Justiça, sob a égide da contemporânea proposta de uma *jurisdição compartilhada*".

Esse compartilhamento está em consonância com *Multi-Door Courthouse Theory* ou Teoria do Fórum de Múltiplas Portas, uma teoria norte-americana que influenciou o sistema brasileiro (FALCÃO, 2017). O alinhamento à Teoria do Fórum de Múltiplas Portas é verificado com a publicação da Resolução nº 125/2010 do Conselho Nacional de Justiça, que instituiu a Política Judiciária Nacional de Tratamento Adequado dos Conflitos de Interesses e trouxe, em seu artigo 1º, a seguinte redação: "Fica instituída a Política Judiciária Nacional de Tratamento dos Conflitos de Interesses, tendente a assegurar a todos o direito à solução dos conflitos por meios adequados à sua natureza e peculiaridade" (Redação dada pela Emenda nº 1, de 31.01.13) (BRASIL, 2010, p. 3).

Outrossim, os impactos da nova abordagem foram bem mais sentidos com o Novo Código de Processo Civil (Lei nº 13.105/2015). Este compilou artigos da referida resolução para tratar da seara dos métodos autocompositivos (BRASIL, 2015c). Houve, ainda, a publicação da Lei nº 13.140/2015, lei específica que trata sobre a mediação (BRASIL, 2015b). A Resolução nº 125/2010 do CNJ, após a publicação do Novo Código de Processo Civil e da Lei de Mediação, passou por uma atualização a fim de fazer referência desses institutos legais em seu texto, como forma de demonstrar alinhamento ao que essas legislações se propõem, como dispõe o Parágrafo Único do artigo 1º da Resolução nº 125/2010 do CNJ.

> Aos órgãos judiciários incumbe, nos termos do art. 334 do Novo Código de Processo Civil combinado com o art. 27 da Lei de Mediação, antes da solução adjudicada mediante sentença, oferecer outros mecanismos de soluções de controvérsias, em especial os chamados meios consensuais, como a mediação e a conciliação, bem assim prestar atendimento e orientação ao cidadão (Redação dada pela Emenda nº 2, de 08/03/16) (BRASIL, 2010, p. 3).

Ademais, cita-se a publicação da Lei nº 13.129/2015, que alterou a Lei nº 9.703/1996, a "Lei de Arbitragem", com o intuito de ampliar o campo de aplicação desse instituto e dispor sobre a escolha de árbitros no órgão arbitral, da interrupção da prescrição pela instituição da arbitragem, da concessão de tutelas cautelares e de urgências em demandas de arbitragem, da carta arbitral e sentença arbitral e, por último, das revogações de dispositivos da antiga lei, como forma de ressignificar o instituto para o ambiente contemporâneo (BRASIL, 2015a).

Torres (2005, p. 126) entende que "a contribuição americana é muito substanciosa no trabalho de implantar essa cultura de resolução de conflitos por forma alternativa". Acentua-se que essa teoria traz a possibilidade de resolução do conflito a partir da oferta de uma diversidade de mecanismos, assim como da possibilidade de outros personagens, no âmbito público ou no privado, tratarem os conflitos tais como o Ministério Público, a Defensoria Pública, o Procon, os Escritórios-escola de Instituições de Ensino e as Câmaras Privadas de mediação e arbitragem.

Mello e Castro (2018, não paginado) asseguram que "Os meios alternativos ou, como a doutrina recente tem preferido nomear, adequados de solução de disputas – ou ADRs – vêm crescendo e ganhando grande destaque no cenário mundial". Os autores apresentam ainda que a justificativa para essa tendência se justifica pela "ineficiência do Poder Judiciário, pela "celeridade proporcionada por esses métodos", por serem "menos burocráticos" e "independem do Poder estatal".

Igualmente, observa-se que houve uma mudança gradativa do olhar do Poder Judiciário diante da utilização de apenas um mecanismo (processual). Conforme Cintra, Dinamarco e Grinover (2015), sabe-se que houve desde da Constituição de 1824 a tentativa da utilização de outros mecanismos (conciliação), inclusive na modalidade que antecede a judicialização da demanda.

Em sua trajetória no direito brasileiro, o mecanismo da conciliação ora aparece ora desaparece do texto constitucional, vindo a se estabilizar com a Constituição de 1988. Cintra, Dinamarco e Grinover (2015) acrescentam que, antes dessa estabilidade, o mecanismo da conciliação ressurge através dos Conselhos de Conciliação e Arbitramento no estado do Rio Grande do Sul, dos Juizados Informais de Conciliação, no estado de São Paulo, dos Juizados de Pequenas Causas, que se transformaram em Juizados Especiais, estes dois últimos de abrangência nacional.

Hoje se tem, no espaço judicial, outras formas de tratamento do conflito (mediação e conciliação), essenciais para atender às necessidades dos jurisdicionados. Conforme o Conselho Nacional de Justiça, é perceptível a mudança de perspectiva e/ou mentalidade do Poder Judiciário diante do processo de solução dos conflitos, inclusive ao dispor que "Um conflito possui um escopo muito mais amplo do que simplesmente as questões juridicamente tuteladas sobre a qual as partes estão discutindo em juízo" (BRASIL, 2016, p. 148).

Muitas são as críticas a respeito do Poder Judiciário utilizar-se de outros mecanismos de solução de conflitos, principalmente da mediação. Esta é compreendida, conforme Calmon (2016, não paginado), como "uma atividade eminentemente privada, alheia ao poder público e distante do Poder Judiciário". Assim, muitos defendem que a mediação deve estar totalmente afastada do âmbito judicial; no entanto, verifica-se que o Poder Judiciário pertence ao mundo social. A mudança, a transformação e a necessidade de novos olhares e de novos fazeres são exigências para a atividade jurisdicional. Ela deve acompanhar a mutabilidade social. Não se restringe apenas a um método, mas compreende tratar os conflitos conforme as suas peculiaridades.

Ademais, o público do Poder Judiciário não se refere apenas às pessoas que possuem condições financeiras privilegiadas; há também as hipossuficientes econômicas, conforme o previsto no artigo 98 da Lei nº 13.105/2015. Para essa categoria, seria inviável realizar uma mediação na esfera privada, haja vista que as Câmaras de mediação e arbitragem e/ou os profissionais independentes cobram honorários para o tratamento dos conflitos através da mediação, conciliação etc. Esses honorários são calculados considerando o custo-benefício e o valor hora de atendimento, realidade financeira incompatível em relação ao público hipossuficiente e usuário dos serviços do Poder Judiciário.

Fala-se em uma categoria que fica à margem, que não consegue custear as despesas sem sacrificar suas necessidades básicas de sobrevivência, que, se não tivesse essa oportunidade de tratamento de conflito junto ao Poder Judiciário, talvez não teria em nenhum outro ambiente, pois no exercício da mediação privada, acredita-se que as instituições e os profissionais não conseguem atender essa categoria do modo que o Estado atende. Inclusive, é competência do Estado garantir esse direito fundamental de Justiça Gratuita aos necessitados.

Consoante a realidade do Tribunal de Justiça do Maranhão, as Câmaras de mediação e arbitragem podem realizar mediação para partes processuais sem a cobrança de honorários; no entanto, fica limitado ao percentual de 20% (vinte por cento) da capacidade de atendimento das Câmaras de mediação e arbitragem, conforme art. 22, Resolução TJMA nº 11/2017 (MARANHÃO, 2017). Ademais, esse encaminhamento só ocorre para as instituições credenciadas junto ao Poder Judiciário;

de imediato, verifica-se uma limitação de atendimento ou acentuada barreira para o olhar de compaixão das Câmaras de mediação e arbitragem pelos hipossuficientes.

Todos têm as suas necessidades. Quando o Poder Judiciário dispõe da mediação nas unidades dos Centros Judiciário de Solução de Conflitos (CEJUSCs), oferta os serviços para todos (ricos e pobres), e com isso promove acesso à justiça para aqueles que necessitam do mecanismos da mediação e não têm como custear o procedimento na esfera privada.

Considerar que a mediação deve ser realizada apenas no âmbito extrajudicial mostra-se uma visão ultrapassada; é equivalente à visão de que apenas o Poder Judiciário é quem pode tratar dos conflitos; é destoante para o cenário contemporâneo, fundamentado na liberdade, autonomia e diversidade.

O ajuste que deve ser realizado em relação à diversidade de mecanismos e/ou métodos a serem ofertados pelo Poder Judiciário consiste na forma da sua política de Gestão Judiciária. Ela deve ser pautada na qualidade e se desprender da visão quantitativa, que hoje é predominante. Compreende-se como a lógica qualitativa, conforme Mancuso (2019, p. 166), o "(...) planejamento cuidadoso e realista, e enfim, o implemento eficiente de programas, estratégias e políticas apropriadas, capazes de lidar com a verdadeira causa e não apenas amenizar as consequências".

Para Mancuso (2019, p. 166), "(...) o dever de disponibilizar um produto ou serviço de qualidade não pode ficar disfarçado ou dispensado por conta de uma oferta meramente quantitativa de um produto ou serviço, assim no setor público como no privado". Há uma necessidade emergente de se repensar a condução da gestão judiciária, de modo que seja personalizada conforme o serviço ofertado, haja vista que não se pode utilizar a régua do método processual para todos os outros métodos aferirem os resultados, mas se considerará as particularidades metodológicas de cada mecanismo.

Infere-se, aqui, que se trata de um movimento muito mais amplo, que rompe fronteiras e atravessa continentes, do Oriente ao Ocidente, adequando situações para a melhor resposta em que se faz repensar sob uma perspectiva de autonomia e independência para o tratamento dos conflitos, visando a solução mais adequada, que preserve o interesse dos envolvidos e restabeleça a confiança, o equilíbrio, a ordem social e econômica, em diferentes ambientes, nos âmbitos judicial e extrajudicial, através de vários mecanismos, como a mediação, a conciliação, a arbitragem etc.

2.3.1 Mediação

Proveniente das palavras latinas *mediatio*, *mediare*, o vocábulo "media*ção*" significa "intervir", "dividir ao meio" (SPLENGER, 2021). Calmon (2019, p. 123) assevera que "significa a neutralidade do mediador". Conhecer sobre a etimologia auxilia a compreender o conceito da mediação. A mediação é um mecanismo de solução de conflitos, que pertence ao meio da autocomposição. Mediar consiste na condução equilibrada de uma conversa por um terceiro imparcial, sem poder de decisão, que tem como objetivos estimular os conflitantes a buscarem respostas para os seus conflitos, a realizarem de forma voluntária ajustes (ações objetivas e subjetivas) diante da realidade decorrente do conflito, de modo a aproximar pessoas e/ou interesses, de amenizar as consequências de uma realidade através do diálogo, com técnicas de comunicação empática, da escuta ativa, de negociação colaborativa e da valorização do ser humano.

Calmon (2019, p. 119) dispõe que "a mediação é um mecanismo para a obtenção da autocomposição" em que "as partes devem negociar" auxiliadas por um terceiro imparcial "sem qualquer poder de decisão", que visa a "facilitar e incentivar os envolvidos a alcançar voluntariamente uma solução mutuamente aceitável". Nesse conceito apresentado, destaca-se que o mecanismo da mediação se constitui de princípios negociais, da imparcialidade, da confidencialidade, da voluntariedade e da autonomia das partes.

Conforme consta no *Manual de Mediação Judicial* do Conselho Nacional de Justiça, a mediação se refere a "um processo autocompositivo segundo o qual as partes em disputa são auxiliadas por um terceiro, neutro ao conflito, ou um painel de pessoas sem interesse na causa, para auxiliá-las a chegar a uma composição" (BRASIL, 2016, p. 390).

Warat (2004, p. 60) a conceitua como "(...) uma proposta transformadora do conflito porque não busca a sua decisão por um terceiro, mas sim a sua resolução pelas próprias partes que recebem auxílio do mediador para administrá-lo". Prossegue o autor dizendo que a mediação "visa, principalmente, ajudar as partes a redimensionar o conflito", visto que o conflito se refere a um "conjunto de condições psicológicas, culturais e sociais que determinam um choque de atitudes e interesses no relacionamento das pessoas envolvidas". A visão empreendida nesse conceito é a visão transformadora do conflito, destacando a voluntariedade, a autonomia das partes e a necessidade de se tratar o conflito na sua integralidade, considerando todos os fatores que o constitui.

O Parágrafo único do artigo 1º da Lei nº 13.140/2015 (Lei de Mediação), lei específica que trata do mecanismo da mediação no Brasil, dispõe que "Considera mediação a atividade técnica exercida por terceiro imparcial sem poder decisório, que escolhido ou aceito pelas partes, as auxilia e estimula a identificar ou desenvolver soluções consensuais para a controvérsia" (BRASIL, 2015b, não paginado).

Constatam-se semelhanças nos conceitos apresentados sobre a mediação, que resultam das características próprias do mecanismo, configuradas em princípios que a consolidam como um mecanismo de solução de conflito que dispõe de métodos sistematizados e coordenados para a sua aplicação. Assim, destacam-se a voluntariedade, a confidencialidade, a autonomia das partes e a cooperação. Ademais, acrescenta-se que além dessas características dispostas, esse mecanismo também se mostra relevante pelo incentivo à visão prospectiva, bem como a vantagem no custo financeiro e temporal. Em consonância, Calmon (2019, p. 121) expressa que a mediação "é caracterizada por métodos elaborados e comprovados com rigor científico" e que as "suas principais características são a cooperação, a confidencialidade, a ênfase no futuro e a economia de dinheiro, tempo e energia".

Essas características se consolidaram em princípios, conforme o previsto no artigo 2º da Lei nº 13.140/2015, ao dispor que:

> Art. 2º A mediação será orientada pelos seguintes princípios:
> I – imparcialidade do mediador;
> II – isonomia entre as partes;
> III – oralidade;
> IV – informalidade;
> V – autonomia da vontade das partes;
> VI – busca do consenso;
> VII – confidencialidade;
> VIII – boa-fé.
> (BRASIL, 2015b, não paginado).

Outrossim, a atuação do mediador/conciliador se fundamenta nesses princípios, conforme o disposto no Código de Ética dos Mediadores e Conciliadores Judiciais, em seu artigo 1º e seus respectivos incisos:

Art. 1º São princípios fundamentais que regem a atuação de conciliadores e mediadores judiciais: confidencialidade, decisão informada, competência, imparcialidade, independência e autonomia, respeito à ordem pública e às leis vigentes, empoderamento e validação. (BRASIL, 2010, não paginado).

Toda a atuação do mediador deve ser pautada nesses princípios, que caracterizam o método e o fazer. Mediar não é agir com boa intenção ou a partir de experiências cotidianas. Mediar possui técnica própria, com etapas bem definidas e ações estruturadas, que refletem no resultado e na qualidade da atividade desenvolvida pelo mediador, podendo a mediação ser realizada tanto no ambiente judicial quanto no ambiente extrajudicial.

Além da observação dos princípios, é imprescindível observar as etapas e técnicas do método (pré-mediação, produção de agenda [pauta], fala de abertura [em todos os encontros]), relatos dos fatos, recontextualização, identificação de questões, interesses e sentimentos, sessão privada, resoluções das questões, aproximação do acordo e encerramento da sessão (BRASIL, 2016, p. 157).

A metodologia deve ser observada, apesar de não haver a rigidez do processo judicial, tendo em vista o caso concreto em que se usará determinada técnica ou não; no entanto, há uma essência a ser respeitada. Realizar uma mediação sem que haja a observação cuidadosa de algumas etapas – como pré-mediação, produção de agenda (pauta), fala de abertura (em todos os encontros), relatos dos fatos, recontextualização, identificação de questões, interesses e sentimento, resoluções das questões e encerramento do procedimento – pode comprometer o resultado do procedimento. Ademais, há o risco de descaracterizar e desqualificar o mecanismo da mediação, tendo em vista a possível repetição de um fazer sem técnica.

Não é um mecanismo novo, pois desde tempos remotos identifica-se a prática da mediação para solucionar os embates, mas atualmente possui uma nova abordagem. Faz parte de um cenário em que se valoriza o ser humano, seus sentimentos e compreensões, seus interesses, pautados na boa-fé, na autonomia da vontade, na empatia e na responsabilidade mútua. Diferente do processo judicial e da arbitragem, compreende a categoria de outros mecanismos de interferência apaziguadora que são mais apropriados para preservar os relacionamentos (CAPPELLETTI; GARTH, 1988, p. 72).

Para o contexto contemporâneo, marcado pela cultura da violência, da intolerância, do individualismo, da ideia de fragmentação das relações, mostra-se como um excelente recurso para restabelecer a comunicação no intuito de ajustar situações – sejam imprevistas e/ou de força maior.

2.3.2 Arbitragem

A arbitragem é uma das formas mais antigas de resolução dos conflitos. Ainda em tempos remotos, quando percebido que a autotutela não conseguia resolver os conflitos com eficiência, buscou-se a resolução através do recurso da arbitragem. Guilherme (2016, p. 64) comenta que "a arbitragem começou a ser utilizada ainda na civilização babilônica, cerca de 3.000 anos antes de Cristo", passando pela "Grécia antiga", estando presente também na Idade Média, em que se concentrava na tentativa de "afastar conflitos bélicos". É uma prática antiga, mas não velha, pois se desenvolve ao longo do tempo e trata os conflitos na contemporaneidade de modo a atender às necessidades vigentes.

Acrescenta-se que a arbitragem, pertencente aos meios heterocompositivos, é um mecanismo de solução de conflitos eminentemente privado, em que um terceiro imparcial irá dispor sobre uma decisão, baseado em conhecimento técnico e específico. Calmon (2019, p. 96) assevera que, "semelhante à jurisdição estatal, a arbitragem é um mecanismo heterocompositivo de solução de conflitos" em que um terceiro fixa "a forma de sua exata satisfação".

No Brasil, embora prevista desde a Constituição do Império de 1824, a trajetória da arbitragem é marcada por muitos esforços e desafios. Guilherme (2016, p. 65-67) relata que inicialmente não havia uma legislação específica para tratar desse mecanismo, portanto "a arbitragem era podada e existia a necessidade da homologação da sentença arbitral pelo Poder Judiciário" com o fim de "referendar aquilo que havia sido decidido pelo árbitro". Apesar de escapar inicialmente da fase de discussão do conflito no Poder Judiciário, os conflitantes eram obrigados a se submeter à morosidade da jurisdição estatal para validar a decisão arbitral, o que não fazia muito sentido. E para o autor, foi o fundamento para os adeptos do mecanismo lutarem em defesa de uma legislação própria, pois afirmavam a existência de "milhares de ações que já tramitavam perante o Poder Judiciário sem nenhuma previsão de resposta".

Guilherme (2016, p. 66-68) contribui dizendo que nos anos 1980 houve a primeira tentativa de criação da lei da arbitragem, porém não foi exitosa, "e apenas em 1996 efetivamente nasceu a Lei da Arbitragem, que vem a ser a Lei 9.307/96". Assim, antes da criação da lei da arbitragem houve a construção de um cenário que propiciasse tal feito; inclusive o autor acrescenta que houve a criação do Ministério da Desburocratização, cuja incubência era "criar medidas que acelerassem o acesso à Justiça", a escolha de "um nome importante do cenário político nacional" que pudesse representar "os anseios dos defensores do instituto", tendo a indicação do nome do Senador Marco Maciel, que "incorporou a Operação Arbiter". O autor também destaca que houve a preocupação em definir "uma equipe dedicada à redação da lei do instituto", situação em que inicialmente "foram eleitos nomes dos professores Carlos Alberto Carmona e Pedro Batista Martins, bem como a Dra. Selma Maria Ferreira Lemes" para tal fim. E, em momento posterior, no ano de 1991, incluiu-se à equipe do anteprojeto o Professor Guido Soares e o Desembargador Dr. José Carlos Barbosa Moreira.

A arbitragem também tem seu histórico respaldado em leis e convenções internacionais, expressivamente a convenção de Nova York, de 1958. No Brasil, adotaram-se duas naturezas jurídicas – a contratual e a jurisdicional –, instauradas a partir do consentimento das partes, que se vinculam à justiça privada para dirimir conflitos, imbricada em princípios de ordem pública, como livre convencimento, independência da imparcialidade, do contraditório e da igualdade, entre outros. Complementa-se, ainda, que a arbitragem se traduziu no Brasil a partir da Lei nº 9.307/96, conhecida como a Lei de arbitragem ou Lei Marco Maciel, tendo sua aplicação fortalecida com a declaração de sua constitucionalidade pelo Supremo Tribunal Federal em 2001.

Hodiernamente, outro fator que corrobora o maior uso desse instituto é o Novo Código de Processo Civil – Lei nº 13.105/15, alicerçado no diálogo da nova estrutura processual civil a partir dos métodos de solução de controvérsias, como segue abaixo:

> O novo Código de Processo Civil tem o potencial de gerar um processo mais célere, mais justo, porque mais rente às necessidades e muito menos complexo. A simplificação do sistema, além de proporcionar-lhe coesão mais visível, permite ao juiz centrar sua atenção, de modo mais intenso, no mérito da causa (Anteprojeto do novo código de processo civil).

Art. 3º- Não se excluirá da apreciação jurisdicional ameaça ou lesão a direito.
(...)
§1º É permitido a arbitragem, na forma da lei. (BRASIL, 2015c, não paginado).

No ano de 2015 foi publicada, no Diário Oficial da União, a Lei nº 13.129/2015 (Nova Lei de Arbitragem), que altera a Lei nº 9.307/96 (Lei de Arbitragem), pois altera e revoga seus dispositivos (BRASIL, 2015a). A Lei nº 13.129/2015 entrou em vigor no dia 26 de julho de 2015 e, conforme já mencionado em outro capítulo, a alteração dessa Lei visa ampliar o âmbito de aplicação da arbitragem, dispor sobre a escolha dos árbitros, dispor sobre a interrupção da prescrição pela instituição da arbitragem, dispor sobre a concessão de tutelas cautelares e de urgência nos casos de arbitragem, dispor sobre carta e sentença arbitral. Guilherme (2016, p. 68) colabora ao dizer que a alteração da Lei nº 9.307/96 pela Lei nº 13.129/2015 trouxe "uma série de inovações que modernizam e aprimoram o instituto arbitral".

Ressalta-se que o processo legislativo acompanha a evolução social, econômica e jurídica. Considerando o cenário da arbitragem, a Lei nº 13.129/2015 reúne em termos legais algumas medidas que já estavam sendo realizadas na prática. Ou seja, algumas "inovações" trazidas na Lei já constavam no fazer procedimental das Câmaras Arbitrais. Umas apresentavam divergências, outras já estavam de certo modo consolidadas no fazer diário. Por exemplo, a possibilidade do árbitro proferir sentença parcial, tendo em vista que já era uma prática em muitos Tribunais Arbitrais no mundo, mas no Brasil não havia uma formalização dessa prática, mesmo já sendo utilizada em procedimentos complexos de arbitragem. Aponta-se ainda sobre a possibilidade de a Administração Pública, de forma genérica, valer-se desse meio de resolução de conflitos nas hipóteses em que a lide envolver conflitos relativos a direitos patrimoniais disponíveis. Antes dessa legislação havia legislações específicas em que algumas situações eram possíveis. Para Franco e Nunes (2018, p. 185), a Lei nº 13.129/2015 prestigiou a arbitragem por incluir no §2º do artigo 1º da Lei nº 9.307/96 que a "autoridade ou órgão competente da administração pública direta para a celebração de convenção de arbitragem é a mesma para a realização de acordos ou transações".

Outrossim, similar à mediação, a arbitragem se caracteriza pela necessidade da expressa vontade dos conflitantes em aderir ao procedimento arbitral, isto é, detém uma forma consensual a partir da aceitação contratual por meio da chamada cláusula compromissória ou firmação de compromisso arbitral, em que estão em discussão os direitos patrimoniais disponíveis. Calmon (2019, p. 96) contribui ainda afirmando que a arbitragem "somente pode ser realizada, mediante vontade expressa dos envolvidos no conflito, formulada em contrato antecedente ou mediante compromisso após o surgimento do conflito".

Nesse contexto, a Lei nº 9.307/96, alterada pela Lei nº 13.129/15, destaca em seu artigo 2º que:

> Art. 2º A arbitragem poderá ser de direito ou de equidade, a critério das partes.
> §1º Poderão as partes escolher, livremente, as regras de direito que serão aplicadas na arbitragem, desde que não haja violação aos bons costumes e à ordem pública.
> §2º Poderão, também, as partes convencionar que a arbitragem se realize com base nos princípios gerais de direito, nos usos, costumes e nas regras internacionais de comércio.
> §3º A arbitragem que envolva a administração pública será sempre de direito e respeitará o princípio da publicidade (BRASIL, 1996, não paginado).

Assim, a arbitragem será instituída com critérios precípuos que destacam a livre opção das partes em dirimir seus conflitos na esfera privada, a partir da cláusula contratual denominada cláusula compromissória e do compromisso arbitral; na primeira hipótese, adere-se ao procedimento antes de ele existir, e na segunda hipótese a adesão se efetua com a celebração do compromisso arbitral, quando o conflito já existe. Em seu Capítulo II, a Lei nº 9.307/96, artigos 3º e 4º, alterada pela Lei nº 13.129/15, trata da Convenção da Arbitragem e seus efeitos e estabelece:

> Art. 3º As partes interessadas podem submeter a solução de seus litígios ao juízo arbitral mediante convenção de arbitragem, assim entendida a cláusula compromissória e o compromisso arbitral.
> Art. 4º A cláusula compromissória é a convenção através da qual as partes em um contrato comprometem-se a submeter à arbitragem os litígios que possam surgir, relativamente a tal contrato.

§1º A cláusula compromissória deve ser estipulada por escrito, podendo estar inserta no próprio contrato ou em documento apartado que a ele se refira.
§2º Nos contratos de adesão, a cláusula compromissória só terá eficácia se o aderente tomar a iniciativa de instituir a arbitragem ou concordar, expressamente, com a sua instituição, desde que por escrito em documento anexo ou em negrito, com a assinatura ou visto especialmente para essa cláusula (BRASIL, 1996, não paginado).

Com a utilização da cláusula compromissória estabelecida por convenção, são enumerados alguns requisitos que as partes são obrigadas a cumprir, quer seja no próprio contrato ou em ajuste ulterior, que geram controvérsias que, por consequência, desprezam a jurisdição ordinária em prol de uma jurisdição convencional e obrigam as partes a se submeterem ao juízo arbitral.

Nesse contexto, Bacellar (2012, p. 98) ressalta que "A Lei de Arbitragem representou avanço sem precedentes e de uma só vez retirou os óbices, até então existentes, que inviabilizavam no Brasil a proliferação da arbitragem". Ademais, o autor enfatiza que "A cláusula compromissória, sem margem de dúvida, é atualmente provida de absoluto caráter obrigatório que poderá ser autossuficiente ou não, dependendo apenas da forma e do conteúdo de sua redação".

É importante frisar que a arbitragem se configura como um mecanismo adequado de solução de conflitos que possibilita a decisão de um terceiro imparcial, de forma técnica e específica, que envolve litígios de demandas diversificadas, desde que disponham sobre direitos patrimoniais disponíveis, os quais possibilitam soluções breves e céleres para solucionar conflitos.

Fioravante (2015, p. 86) comenta que "ao optar pelo procedimento arbitral, as partes se veem beneficiadas de inúmeras vantagens em relação à jurisdição estatal", enumerando como: "rapidez com que é proferida a decisão final de mérito; maior especialidade dos julgadores; previsibilidade; possibilidade de sigilo das informações; procedimento mais flexível e menos formal". O autor enaltece, ainda, que "a rapidez e previsibilidade da solução do litígio pela via arbitral" decorrem de alguns fatores, tais como "(...) faculdade das próprias partes escolherem os árbitros ou delegarem para uma entidade fazer essa escolha" assim como "a opção por um tribunal arbitral já constituído". Ademais, "a definição pelas partes das regras procedimentais a serem adotadas e na falta de indicação, as que forem estabelecidas pelos próprios árbitros" e por fim, "a fixação do prazo de até seis meses para que a sentença seja proferida, podendo, contudo, as partes acordar prazo distinto".

Observa-se que a previsibilidade é um elemento presente. Há um início e uma previsão média para a conclusão do procedimento, inclusive um tempo inferior ao do processo judicial. Segundo Bernardino e Bento (2014, p. 10), "(...) a média de tempo de procedimentos arbitrais, quando comparado ao processo estatal é bem inferior". Os autores ainda exemplificam dispondo sobre o tempo médio da duração dos procedimentos realizados por algumas Câmaras Arbitrais, dentre elas a "ICC, que duram em média nove meses (ICC, 2014). A Camarb e a CCBC com, respectivamente, 13 e 14 meses de duração média dos procedimentos arbitrais (CONIMA, 2012)" e a "AMCHAM, com um tempo médio de 12 meses (AMCHAM, 2014)".

Outrossim, acrescenta-se que se referem a estruturas privadas, que possuem organização e planejamento de modo mais acomodativo à situação dos conflitantes, visto que não há um contingente expressivo de demandas, como acontece no poder estatal. A esse respeito, Fioravante (2015, p. 87) destaca como fatores que contribuem para a celeridade do procedimento arbitral "a disponibilidade e *expertise*" dos árbitros e explica que isso se dá porque os árbitros "têm poucas demandas para decidirem, permitindo que tenham tempo para dedicarem ao litígio em análise". Comparando ao processo judicial, o autor acrescenta "que nem sempre ocorre no judiciário, tendo em vista o grande volume de demandas a serem decididas por cada magistrado".

Outro elemento de relevância se refere ao sigilo, à confidencialidade. Configurando outra discrepância em relação ao Poder Judiciário, tendo em vista que este último tem como regra a publicidade, sendo o sigilo uma exceção prevista para as demandas que tramitam em segredo de justiça. Fioravante (2015, p. 87) relata que o sigilo é um atrativo para as partes na arbitragem, pois, diferente do Poder Judiciário, "no procedimento arbitral o costume é a confidencialidade dos atos procedimentais". Para o autor, isso se mostra muito relevante, considerando "a importância do sigilo das informações e documentos para a preservação das transações comerciais" como medida preventiva para manter em segredo e segurança as informações importantes, pois caso venham "a público poderia resultar em perdas econômicas às partes litigantes".

Considerando que tudo tem suas vantagens e desvantagens, o procedimento arbitral seria visto como oneroso, principalmente se comparado ao custo do processo judicial. No entanto, verifica-se que para calcular o seu custo-benefício deve-se considerar o contexto financeiro em que o conflito está inserido. Gonçalves (2010, p. 62) contribui dizendo que "O procedimento arbitral não é barato, tendo em vista que os honorários dos árbitros e as custas cobradas por uma Câmara Arbitral não são de pouca monta". No entanto, a autora externa que, "(...) como o procedimento arbitral é célere, há compensação, mesmo sendo as despesas de todo o procedimento arbitral arcadas pelos litigantes, o seu custo final, ou melhor, o seu custo-benefício, certamente ultrapassará as expectativas das partes".

A partir dessa compreensão, percebe-se a lógica do contexto que envolve as demandas tratadas pela arbitragem, pois o custo-benefício é calculado conforme os valores das transações que envolvem o conflito, sendo mais adequado levar para a arbitragem questões que possuem grandes números, e não aquelas que possuem poucos valores.

Desse modo, é um mecanismo de solução de conflitos que possui suas peculiaridades, que atende à necessidade da demanda que melhor se adéqua ao método. Outrossim, apesar de pertencer ao meio da heterocomposição, possui características semelhantes à mediação, que é um mecanismo de natureza autocompositiva. Dentre as características comuns entre mediação e arbitragem destacam-se a celeridade, a confidencialidade, a previsibilidade da conclusão do procedimento e o custo-benefício calculado. Essas características mostram-se essenciais para a resolução de um conflito a partir do escalonamento desses mecanismos, ou seja, para a aplicabilidade das cláusulas escalonadas de mediação e arbitragem.

A principal diferença entre esses mecanismos consiste na atuação do terceiro imparcial. Na mediação, o mediador não decide pelos envolvidos no conflito, uma vez que cabe aos conflitantes o poder de decisão. Na arbitragem, o árbitro possui o poder de decisão, devendo os conflitantes acatarem e realizarem o que diz a decisão arbitral.

Portanto, a arbitragem compreende o universo dos meios adequados de solução de conflitos como forma de garantir acesso à justiça, na perspectiva da ordem jurídica justa, considerando a liberdade procedimental para que os envolvidos possam escolher o mecanismo de tratamento do conflito conforme as suas necessidades e realidades.

CAPÍTULO 3

A DINÂMICA DAS RELAÇÕES CONTRATUAIS[9]

As relações contratuais advêm das relações humanas e no decorrer do tempo se transformaram de forma exponencial, sendo imprescindíveis para o contexto contemporâneo, multifacetado, dinâmico, volúvel e integrado. Por serem produto das relações humanas, interagem com o contexto social, jurídico e econômico. Estes, quando passam por mudanças, refletem nas relações contratuais, as quais estão sujeitas às variações, às novas circunstâncias, principalmente as relações contratuais de longa duração.

Neste capítulo, faz-se uma abordagem sobre a mutabilidade *versus* imutabilidade do instituto do contrato a partir do estudo das análises diacrônica e sincrônica que compreendem a análise da evolução histórica do contrato, bem como a análise a partir de um recorte temporal, considerando a análise do contrato no momento em que se encontra. Isto é, verificar-se-á a dinâmica das relações contratuais considerando seu caráter evolutivo, variante e de acomodação às diversas situações fáticas, inclusive aquelas decorrentes da pandemia provocada pela Covid-19.

Outrossim, serão destacadas as diversas formas de resolução adequada de conflitos, considerando os meios autocompositivos e heterocompositivos, tanto na esfera judicial quanto na extrajudicial, que poderão ser utilizados para dirimir os impasses e restabelecer

---

[9] Trechos deste capítulo foram anteriormente publicados sob o título "A resolução de conflitos e relações contratuais: dinamicidade e boa-fé objetiva em tempos de pandemia", artigo que integra a obra "Dinâmica e efetividade das instituições do sistema de justiça: em homenagem aos 10 anos do PPGDIR"; Roberto Carvalho Veloso (Organizador). São Luís: EDUFMA. 2022, p. 299, em coautoria com Prof. Dr. Paulo Sérgio Velten Pereira.

possibilidade de adimplemento contratual, para fazer escolhas assertivas e adequadas para a situação pandêmica a partir de uma análise pontual de cada situação apresentada.

Aponta-se, também neste capítulo, o instituto da boa-fé objetiva como aporte fundamental para que as relações contratuais sejam adimplidas diante desse cenário de emergência extrema e de significativas mudanças. Ademais, destaca-se a solidariedade, a cooperação e a responsabilidade entre os contratantes, bem como o sentimento de empatia entre os indivíduos, como elementos principais para restabelecer a ordem e o possível adimplemento contratual, pois, apesar do objetivo fim do contrato, para este ser atingido deve-se observar princípios constitucionais que permeiam as relações contratuais, como por exemplo a função social do contrato e a dignidade da pessoa humana, as quais, no cenário atual, atingem considerada relevância e são fundamentos para evocar a boa-fé objetiva e seus deveres anexos de conduta para uma redefinição contratual.

3.1 Direito dos contratos: mutabilidade no tempo e no espaço

A humanidade passou e passará por vários estágios de desenvolvimento. Há uma dinamicidade constante em todas as formas de agrupamento social. Mudam-se as formas de fazer e as regras que o direcionam. Mudam-se as relações e as regras que as consolidam. Há um processo de evolução contínuo e permanente na forma de negociar, comercializar e contratar.

A dinamicidade contratual desenvolve-se como um processo natural de mutabilidade da vontade das pessoas e das suas necessidades, externalizadas pela diversidade de modalidades dos negócios, a partir de suas complexidades e dos interesses diversos dos negociadores, considerando o momento histórico, social e cultural de cada situação.

Antes de falar sobre a evolução e dinamicidade das relações contratuais, faz-se necessário falar sobre sua origem. Nesse sentido, não se sabe dizer com precisão a origem exata das relações contratuais, com datas certas e definidas, mas há registros em períodos históricos que consagram a sua existência. Esses registros compreendem o período das civilizações antigas. Palma (2019, p. 49) assevera que "os contratos são peças jurídicas amplamente utilizadas na Antiguidade oriental".

Nesse período histórico, essas relações se mostravam permeadas pelo desejo de garantir o cumprimento da obrigação e a reparação do dano que porventura as pessoas poderiam sofrer. Com a ocorrência dos pactos através da utilização dos contratos, verificou-se o fenômeno da formalização das relações econômicas e da circulação de riquezas. Para Roppo (1947, p.14), seu surgimento relaciona-se com o processo de formalização das condutas entre os indivíduos, pois para ele tratava-se de "ser conveniente sujeitar as operações econômicas (os seus pressupostos e as suas consequências) a um sistema de regras cogentes".

O entendimento de Roppo (1947, p. 16) sobre o surgimento das relações contratuais é que, de fato, não há como precisar um momento exato da existência ou surgimento dessas relações; ele nem compreende isso como algo tão importante, mas assimila que quando elas são percebidas, estão relacionadas a uma realidade de "progressiva jurisdicionalização dos comportamentos e relações humanas", tendo como necessidade predominante "enunciar a existência, em linha de princípio, de um iter histórico orientado complexivamente no sentido de atrair, de modo cada vez mais completo, as operações econômicas para a órbita e para o domínio do direito". Isto é, a origem das relações contratuais é identificada com o estágio inicial da regularização e da formalização dos pactos.

Sobre a formalização dos pactos, observa-se que se desenvolve em um contexto em que a sociedade está mais organizada e inicia a realização de atividades mais complexas, conforme o contexto espaço-temporal, tendo como características a constância e a expansão dos negócios baseada na troca de produtos, para depois evoluir para compra e venda e variedade de serviços entre as pessoas. Palma (2019, p. 49) elenca diversas situações em que as civilizações antigas se utilizavam do contrato, tais como "a locação, o empréstimo, a doação, a compra e venda, o arrendamento, o penhor, entre outros tantos negócios jurídicos realizados".

Considerando o processo evolutivo e dinâmico do contrato, busca-se o que dispõe Roppo (1947, p. 24-25) ao propor que há duas formas de analisar o contrato e a sua dinamicidade no tempo e espaço, trata-se da "análise diacrônica" e da "análise sincrônica". São formas de análises que auxiliam na melhor compreensão sobre a mutabilidade contratual. A primeira contempla a sua historicidade e o processo evolutivo, e a segunda se refere ao movimento contratual, relacionado ao dinamismo das relações contratuais a partir de um recorte.

Com base na análise diacrônica, tem-se uma visão panorâmica do contrato ao longo do curso da história. O que enseja, consoante o interesse da pesquisa, a sua delimitação para o contexto do pensamento jurídico ocidental. Conforme Palma (2019, p. 34), a construção desse pensamento ocorreu com "fundamentos mais remotos" provenientes das "movimentadas ruelas de Atenas, seu berço primeiro", bem como com a contribuição dos povos romano e germânico. Para o autor, a fusão do "legalismo romano" e dos "costumes germânicos" deu origem à "*Civil Law* ou, como melhor a conhecemos, o Sistema Romano-Germânico de Direito".

Observa-se que a diversidade marca a construção do pensamento jurídico ocidental. Aponta-se a contribuição de três povos: o grego, o romano e o germânico. A experiência de cada um consolida a formação do olhar jurídico das relações do mundo ocidental.

Conforme Palma (2019, p. 194-195), no que se refere à experiência romana, esta foi expressiva, marcada por influências "das diversas gentes de origem indo-europeia", "do direito grego" e "cristão", sendo ainda o alicerce para a construção do Direito Contratual na contemporaneidade. Zimmermann (2016, p. 4) enfatiza que a influência romana está presente de forma evidente na etimologia de alguns termos, entre eles o contrato e a boa-fé. Ademais, verifica-se a construção linguística de alguns termos derivados da influência romana para a germânica. Como exemplo, a autora faz referência ao primeiro termo, "contrato", que se refere ao direito alemão. Os germânicos utilizam a terminologia "*Vertrage*", "(...) (baseada em *sichvertragen* = de se reconciliar com o outro), que se formou conforme o modelo do termo em latim *pactum* (baseado em *pasisci* = fazer as pazes, como achado no decreto do praetor romano ('*pacta conventa* [...] *servabo*')".

Em relação à boa-fé, Zimmermann (2016, p. 5) assevera que a previsão da boa-fé no direito dos contratos, referenciando ainda o direito alemão, §242 do BGB, "tem origem na *exceptio doli*, bem como na *bona fides*, as quais regem os contratos romanos consensuais", ou seja, a etimologia da boa-fé objetiva é proveniente do vocábulo "*fides*", que para os romanos detinha sentido polissêmico e multifacetado, associado à "confiança", "colaboração" e "auxílio mútuo", podendo ser encontrado em diversas categorias de relações e situações (MARTINS-COSTA, 2018, p. 40). Esses termos descritos perduram no tempo e demonstram a força da herança romana para o direito das relações contratuais.

Nesse sentido, as relações contratuais, além de se apresentarem complexas e variadas, possuem peculiaridades acentuadas, que envolvem a sua base formadora. Inclusive, ressalta-se, que o contexto em que está inserida a relação contratual implica na ocorrência de várias concepções do instituto do contrato, tendo a cada momento histórico a prevalência de uma configuração a partir de uma realidade social, econômica, política e jurídica, estando o estudo desse dinamismo contratual, a partir de um recorte, relacionado à "análise sincrônica".

Pereira (2018, p. 28-39) contribui sobre as diferentes concepções contratuais, considerando para cada momento histórico uma ideia e concepção do contrato, expondo que: "No Direito romano o contrato era associado à própria fonte de obrigação, e não à vontade das partes". Essa concepção também esteve presente em parte do Direito medieval, período em que "O critério de justiça contratual então aplicável remetia à teoria do preço justo". Nesse período havia o sistema feudal, que limitava a florescência das relações contratuais, em que funcionava "para uma sociedade estável, hierarquizada, estamental, que tinha na propriedade da terra sua riqueza principal", ou seja, tratava-se de uma sociedade arcaica, "em que o próprio Direito das obrigações era pouco desenvolvido, suas economias quase não conheciam contratos, já que a liberdade de disposição de bens era muito limitada". Para o autor, a superação do contrato como fonte de obrigação se concretizou com "o advento da sociedade mercantil, da economia baseada em crédito e do desenvolvimento do capitalismo", em que há substituição da compreensão do contrato como fonte de obrigações para a sua nova fonte, "expressão da vontade", consolidada no "princípio da autonomia privada". Aponta ainda o autor que, no sentido do critério de justiça do contrato, este "cedeu ao voluntarismo dominante" em que "a validade de um contrato dependia tão somente do fato de ser aceito".

Muitas são as mudanças no curso da história, e a partir delas verifica-se o surgimento de outras concepções; assim, parte-se do voluntarismo dominante para o surgimento da concepção liberal do contrato que, conforme Timm (2015, p. 13), refere-se ao modelo moderno e liberal de contrato que tem como "paradigma teórico uma concepção voluntarista do contrato, concebida na era moderna, fundamentalmente com a escola jusnaturalista racionalista", que se inspira "por uma ideologia individualista (segundo a qual o homem é anterior ao Estado), cujo compromisso era com a liberdade individual".

Pereira (2018, p. 31-33) contribui, ainda, expondo que "A concepção liberal de contrato coincide com a expansão financeira creditícia, quando a ideologia jurídica reinante finalmente se apoia na autonomia da vontade como fonte de obrigações". No entanto, houve um momento em que o voluntarismo apresenta consequências desastrosas para o mundo contratual e social, caracterizadas pelos "inúmeros abusos, à medida que favoreceu as pessoas economicamente mais fortes, desequilibrando a relação". Essas consequências estavam fundamentadas na autonomia da vontade, no individualismo e no utilitarismo, teorias fundantes do Liberalismo Clássico.

Esse desconforto diante da concepção liberal do contrato culminou com a necessidade de se repensar esse modelo para corrigir e evitar os excessos, o que acarretou a implementação do *Welfare State* ou Estado de Bem-Estar Social, ocasionando, conforme Pereira (2018, p. 33; 63), uma "crescente intervenção estatal" que "restringiu, sem dúvida, o espaço outrora reservado à autonomia da vontade". O autor complementa, ainda, que junto do Estado Social nasce também "a necessidade de intervenção com leis de proteção, contra cláusulas contratuais abusivas, que assegurem o equilíbrio de forças e a justiça contratual".

Vislumbra-se enfatizar que a cada momento há uma transformação, cabendo novas adequações que viabilizem, conforme a ocasião, o equilíbrio e a justiça contratual, como assevera Pereira (2018, p. 39) ao dizer que "novos tempos pedem um novo Direito".

Roppo (1947, p. 22) evidencia sobre esse aspecto transformativo, afirmando que "O fenômeno se explica facilmente a partir do momento em que reflita na multiplicação e complexidade das operações econômicas, por sua vez determinadas pela crescente expansão das atividades de produção, de troca, de distribuição de serviços". O autor dispõe, ainda, que "as regras jurídicas que disciplinam os contratos correspondentes àquelas operações econômicas devem, também elas, multiplicar-se e complicar-se", demonstrando o processo natural de mutabilidade das operações e dos termos que as regem, devendo-se "oferecer uma resposta adequada às novas exigências e aos novos interesses que assim vêm emergindo".

É inevitável a mutabilidade contratual. Faz parte do desenvolvimento da sociedade, dos seus fazeres e dos seus produtos. Isso é perceptível, e no cenário do mundo jurídico brasileiro verifica-se a alteração e substituição das teorias, na alternância do valor material para o valor humano, no surgimento de inúmeros microssistemas obrigacionais, tais como consumidor e locações que se desenvolvem e se aperfeiçoam considerando a realidade social e a constitucionalização do Direito Civil, passando a Constituição de 1988 a ser a normativa central, e não mais o Código Civil (PEREIRA, 2018).

O mundo jurídico deve contemplar, em suas respostas, as variações nas relações sociais, categorizadas, ainda, como econômicas e contratuais. Pereira (2018, p. 140, grifo do autor) enfatiza que ao interpretar o Direito "é fundamental levar em consideração a realidade social, as relações econômicas e o funcionamento geral das instituições políticas" a partir de "uma visão interdisciplinar", considerando "o mundo exterior, o mundo social, o *mundo da vida* comum *(Lebenswelt)*, que dá sentido e existência ao sistema jurídico".

Não se trata de um instituto apartado do mundo social, mas refere-se a um produto do mundo social. Em consonância com esse pensamento, e a título de exemplo, observa-se que antes o contrato era tido como algo imutável, fundado na obrigatoriedade de cumprimento, sob o entendimento de que "os pactos obrigam por si", a partir do "novo sentido dado à expressão *pacta sunt servanda*", conforme ilustra Pereira (2018, p. 31), configurando que o que fora pactuado inicialmente deve ser cumprido sem a possibilidade de revisão ou reajustamento diante de situações que refletem no regular adimplemento contratual. Trata-se aqui de uma forma rígida, desproporcional com a natureza das relações sociais e contratuais.

Essa forma de compreensão do contrato não prosperou, ao contrário, ocasionou experiências injustas e abusivas, de excessiva onerosidade para muitos contratantes. No entanto, foi-se percebendo que o inadimplemento contratual era motivado por situações diferentes, podendo estar relacionado com a culpa do devedor que dá causa ao descumprimento, a partir de atitudes irresponsáveis e dolosas, ou então impostas por uma imprevisibilidade, situação alheia à vontade do obrigado. Nesse sentido, torna-se fundamental citar a compreensão de Santo Agostinho em *Sermones ad Populum* (Sermão 33) sobre a promessa não cumprida, em razão de algo não previsto; assim, externou ele que "Quando ocorre algo de maior importância que impeça a execução fiel de minha promessa, eu não quis mentir, mas apenas não pude cumprir o que prometi" (MAIA, 1959, p. 35).

Há uma variedade de situações que culminam no não cumprimento contratual. Não cumprir um contrato não significa "a não vontade de fazer", também envolve outras questões que muitas vezes os contratantes não têm o controle, o que enseja um olhar particularizado para cada obrigação contratual não cumprida, considerando os motivos e as causas para "as perturbações no cumprimento de obrigações", como trata Martins-Costa e Silva (2020, p. 36).

O contrato não deve ser visualizado apenas como um instrumento de operações econômicas, de caráter técnico, imutável, algo que está posto e deve ser fielmente cumprido. Carece de um olhar de que, apesar de instrumento, trata-se de uma criação jurídica humana, que traduz as relações econômicas entre humanos, que estão passíveis de sofrer várias influências e alterações, tanto de um cenário objetivo e certo, como de um cenário imprevisto e não calculado, sob a perspectiva do "modelo democrático de contrato" (ALMEIDA, 2012, não paginado).

Essa percepção é notória e verificável, pois considerando o recorte temporal no período da pandemia, marcado pela instabilidade, volatilidade e incertezas, asseveradas por Martins-Costa e Silva (2020), apresenta-se inquietações sobre como as obrigações contratuais foram impactadas, como se darão as suas configurações daqui para frente, no sentido das resoluções dos conflitos surgidos em decorrência desse cenário imprevisto. Serão elas tratadas sob uma perspectiva temporária e personalizada ao momento pandêmico, ou serão incorporadas ao sistema, assumindo um perfil mutável, consoante ao pleno processo evolutivo do contrato, tendo em vista que situações não verificadas antes, sob o *status* de normalidade, tornaram-se frequentes no cenário do *"novo normal"*.

Essa imprevisibilidade, marcada pela instabilidade, refere-se a algo de força maior, que não consta no curso normal dos contratos. E diante de um cenário imprevisto, assim como instável, há situações em que se torna insuportável o cumprimento contratual no formato inicial por aqueles que realizaram a contratação, pois se encontram em uma situação de impossibilidade do cumprimento das obrigações por questões alheias às suas vontades. Nesse sentido, o adimplemento contratual está condicionado à readequação de medidas contratuais diante da nova realidade fática dos contratantes ou do contexto contratual na totalidade.

Para a compreensão do contrato como um instituto mutável e flexível, busca-se mais uma vez o pensamento defendido por Roppo (1947, p. 24), pois para ele "o contrato muda a sua disciplina, as suas funções, a sua própria estrutura segundo o contexto econômico-social em que está inserido", o que o configura como passível de influência e possível alteração, não podendo ser compreendido como algo inalterável e estático, e sim ser compreendido como um instituto flexível, dinâmico e mutável.

Com o exposto, verifica-se que essa percepção enseja um novo reposicionamento na forma interpretativa do Direito e do contrato, de modo a atender às novas necessidades, assim como às novas exigências no âmbito social, devido à rapidez exponencial das mudanças e transformações do viver, do fazer e do contratar, associadas às necessidades da garantia da segurança jurídica e justiça contratual. Pois, é a partir da produção de legislações em consonância com a dinâmica da vida humana e das operações econômicas que melhor se poderá estabelecer a segurança jurídica, a estabilidade econômica e o desenvolvimento social.

3.2 As relações contratuais de longa duração e os mecanismos de solução de conflitos

A mutabilidade contratual é uma realidade no contexto global, não se pode negar, ignorar ou disfarçar. No cenário atual há diversas formas para lidar com as transformações que implicam o adimplemento contratual, isto é, as relações contratuais vivenciam mudanças no cenário mundial com a possibilidade de se rediscutir o que fora antes pactuado, como entende Schreiber (2020). A ocorrência de mudanças no curso de um contrato, como já entendido, é algo possível, real e pode até ser visto como normal, inclusive para aqueles que carecem de um tempo maior para o seu adimplemento, os chamados contratos de longa duração.

Nessa modalidade contratual, o adimplemento não ocorre de imediato, desenvolve-se ao longo do tempo, por isso também denominada de obrigações duradouras, conforme assevera Couto e Silva (2006, p. 163) ao dispor que "existem certas obrigações nas quais o adimplemento sempre se renova sem que se manifeste alteração do débito. Essas obrigações são mais ricas numa dimensão, no tempo, no elemento duradouro, o qual se relaciona com a essência do dever de prestação". Acrescenta ainda o autor que "as relações obrigacionais simples vigem desde a conclusão do negócio jurídico até o adimplemento"; no entanto, "as duradouras são adimplidas permanentemente e assim perduram sem que seja modificado o conteúdo do dever de prestação, até o seu término pelo decurso do prazo, ou pela denúncia".

Para Rodrigues (2010, não paginado) os contratos de longa duração "são pactos que se protaem no tempo; que se renovam, periodicamente, durante vários anos", que contrapoem-se "aos contratos de execução instantânea, entendidos como aqueles executados de uma só vez e em uma única prestação". O autor continua, afirmando que os contratos de duração "têm como característica essencial o fato de pelo menos uma das prestações não se exaurir de imediato, demandando certo lapso temporal", e acrescenta que são classificados como: "contratos de execução continuada e de execução periódica, sendo neste a prestação realizada de forma prolongada no tempo e naquele, também denominado de trato sucessivo, mediante repetições periódicas".

Os contratos de longa duração estão geralmente envolvidos em situações que requerem uma rediscussão do que fora antes pactuado, haja vista a possibilidade de as variações e os reflexos da nova realidade dificultarem de forma excessiva ou mesmo inviabilizarem o adimplemento contratual da forma anterior contratada. Como enfatiza Rodrigues (2010, não paginado), uma vez que para o autor os "pactos de longa duração estão sujeitos a eventuais mudanças das circunstâncias o que acaba por se exigir um constante dever de readaptação e renegociação pelas partes para se manter o equilíbrio e até a subsistência do contrato".

Há várias possibilidades de reexame do contrato, partindo do próprio instituto ou de outros meios procedimentais externos a ele. Os meios procedimentais externos ao contrato compreendem tanto o âmbito judicial quanto o extrajudicial. Para a verificação das adequações, utilizam-se os argumentos de que as relações contratuais são passíveis de sofrer influências do contexto social e econômico, que podem inferir diretamente no cumprimento das obrigações, por desequilibrar a relação, devendo buscar formas racionais e favoráveis para o reexame do que fora combinado no contrato de modo que se faça a escolha mais adequada para o caso concreto, podendo utilizar medidas dispostas no próprio contrato, como as "cláusulas de adaptação automática" ou as "cláusulas de adaptação não automáticas" (MARTINS-COSTA; SILVA, 2020, p. 71-73), assim como da diversidade metodológica de resolução e pacificação de conflitos, compreendendo os meios procedimentais que Laporta (2018, p. 58) classifica em via da "heterocomposição" e da "autocomposição".

Na contemporaneidade, além da possibilidade de tratar os conflitos que surgem no curso do contrato, há a possibilidade de estipular previamente em quais situações se rediscutirá o contrato, bem como qual mecanismo de tratamento do conflito se utilizará, isto é, o cenário contratual se utiliza de práticas que visam um posicionamento prévio sobre como lidar com os possíveis impasses que venham surgir no curso do contrato e que possam interferir no adimplemento contratual.

Algumas medidas já estão previstas na legislação, outras podem ser alinhadas entre os contratantes na fase da construção do contrato, para que reconheçam e concordem com a renegociação, na hipótese dessa necessidade e/ou para definir o mecanismo de solução dos conflitos. São medidas contratuais que indicam previamente como os impasses serão resolvidos.

No tocante às cláusulas automáticas e não automáticas, verifica-se que a primeira cláusula, denominada cláusula de adaptação automática, trata-se da estipulação no contrato sobre a forma exata do modo de adaptação contratual diante de circunstâncias que fogem à normalidade do cumprimento. Por exemplo, na necessidade de reajustes de preço, optará por um "indexador", "índice de correção monetária", "aumento progressivo das prestações", podendo ainda dispor sobre a "indicação de fato futuro que desencadeará o efeito modificativo de antemão previsto", entre outros. O importante é compreender que as cláusulas automáticas determinam "a modificação do conteúdo das prestações *sem necessidade*, da formação de uma nova vontade negocial. As partes, de antemão, já assim o determinam no contrato" (MARTINS-COSTA; SILVA, 2020, p. 72).

Em relação à segunda cláusula, isto é, à cláusula de adaptação não automática, observa-se que ela não fixa ou determina o parâmetro de adaptação contratual, mas "as partes se obrigam a alterar o contrato se houver alteração de circunstâncias" em que haverá, também, a discussão sobre "uma nova manifestação negocial" (MARTINS-COSTA; SILVA, 2020, p. 73). Aqui haverá a necessidade de escolher como será tratada a alteração das circunstâncias, ou seja, qual o método a ser utilizado para a resolução dos impasses. Em conexão, vislumbra-se apontar a possibilidade de utilização dos meios adequados de solução de conflitos nas modalidades autocompositiva e heterocompositiva, tanto na esfera judicial quanto na extrajudicial.

Naturalmente, busca-se pela solução dos impasses de forma extrajudicial, a partir dos meios autocompositivos, visto que há a possibilidade de negociação direta entre os contratantes. Não tendo êxito, pode-se verificar a intermediação de um terceiro imparcial, que não impõe sua decisão e que auxiliará no restabelecimento da comunicação entre os envolvidos, visando à construção de um entendimento consensual do conflito. Essas possibilidades estão alinhadas à resolução de conflitos através dos meios autocompositivos, como a negociação, a conciliação e a mediação (LAPORTA, 2018).

Esses meios autocompositivos apresentam diversas vantagens, entre elas a participação efetiva dos contratantes, que poderão expor suas dúvidas, seus questionamentos, receios e novas possibilidades de adimplemento do contrato, consubstanciados nos princípios da voluntariedade, autonomia da vontade dos conflitantes, decisão informada, oralidade, informalidade, de forma colaborativa, empática e responsável.

Em relação à via heterocompositiva, enfatiza-se que está associada à resolução dos conflitos através dos meios heterocompositivos, como o processo judicial e a arbitragem, pois se refere à busca pela solução do conflito a partir da tutela jurisdicional "estatal" ou "privada", de modo que um "terceiro-juiz" ou "terceiro-árbitro" com poder de decisão, por "sentença judicial" ou "sentença arbitral", respectivamente, possa dar resolução às controvérsias (LAPORTA, 2018).

Com esses mecanismos heterocompositivos, observa-se a limitação decisória dos contratantes, visto que o poder de decisão será do terceiro imparcial. Na hipótese da arbitragem, o árbitro, a partir do conhecimento técnico e específico, decidirá sobre a solução do conflito. Os conflitantes devem aceitar e cumprir a solução, conforme apresentada, não havendo possibilidade de recurso. Na hipótese do processo judicial, o juiz com base no Direito, contrastado com os fatos, as provas e os pedidos das partes, emitirá a decisão final sobre a possível solução do conflito. Essa decisão poderá ser recorrida para instância superior e, esgotadas as possibilidades recursais, deverá ser cumprida pelas partes.

Observa-se que a utilização de um meio ou outro se relaciona à necessidade do caso concreto. A escolha desses mecanismos não pode ser associada à ideia de que um é melhor que o outro ou que um é superior ao outro, mas que sua utilização e eficácia se relacionam diretamente à situação apresentada. Trata-se de uma nova realidade que se pauta na liberdade contratual e na diversidade de mecanismos para o tratamento dos conflitos, incluindo o âmbito judicial e o extrajudicial.

Pereira (2018, p.108) aponta que nos países industrializados há uma "crescente consagração de novas formas de liberdade contratual", que infere na utilização de outros métodos de solução de conflitos, diferentes do modelo tradicional, sobretudo, influenciados pela teoria da "abordagem relacional" como recurso de revitalização do contrato. Xavier (2006, p. 161) aponta que "esta teoria dos contratos relacionais tem origem no sistema anglo-saxão, em estudos desenvolvidos especialmente por Ian Macneil".

Na visão de Araújo (2007), a abordagem relacional tem uma função propulsora para a construção de um contrato que valoriza as questões intersubjetivas dos contratantes, que geralmente não se conhecem bem, não possuem informações de interdependência e que se utilizam de modos informais para a resolução das questões de contingências que possam interferir na relação contratual. Aqui se refere à construção de um contrato, considerando todas as situações que porventura possam ser desencadeadas no curso do contrato.

Nessa técnica, os contratantes participam diretamente da construção contratual, fazendo as suas colocações de forma autêntica, responsável e colaborativa. O contrato deixa de ser um instrumento técnico, feito por profissional especializado e externo à relação contratual, e passa a ser a construção de vontades alicerçada em valores éticos, interesses, empatia, colaboração e responsabilidade dos próprios contratantes ou auxiliados por um profissional, terceiro imparcial.

Pereira (2018, p. 109) colabora, ainda, dizendo que os contratos com base na abordagem relacional "aproxima e reaproxima os contratantes, fazendo-os preservar o valor das negociações, seja pela redução dos custos de sua formalização, seja minimizando os custos da extinção do contrato por meio da consolidação da confiança." Outrossim, o autor enfatiza que "todos os contratos são naturalmente incompletos" e acrescenta que "a melhor solução é a autodisciplina, é a correção endógena, promovida pelos próprios parceiros contratuais, quando muito com o auxílio de um mediador ou de um árbitro, evitando-se a intervenção tutelar externa, por parte do Estado".

Há, ainda, a possibilidade de estipulações das Cláusulas *Hardship*, que se referem a outra técnica contratual muito utilizada. Conforme Martins-Costa e Silva (2020, p. 78-79), a origem dessas cláusulas deriva do cenário internacional e está diretamente relacionada à autonomia privada dos contratantes para estipularem no contrato o dever de renegociação, diante de situações supervenientes, visando, com isso, renegociar para evitar a extinção do contrato e "restabelecer o equilíbrio contratual". Vislumbra-se que as Cláusulas *Hardship*, acima citadas, tenham como propósito o comprometimento dos contratantes em buscar a renegociação diante de mudanças que interferem no normal adimplemento contratual.

Sob o aspecto procedimental, para renegociar ou discutir qualquer situação contratual, verifica-se a existência de uma variedade de mecanismos, tais como a Cláusula Compromissória e o Compromisso Arbitral apontadas por Borges (2018).

Em relação à Cláusula Compromissória, evidencia-se ser uma medida prévia em que os contratantes manifestam, no contrato, que submeterão o conflito que possa surgir no curso contratual ao mecanismo da arbitragem. A cláusula compromissória está prevista no artigo 4º da Lei nº 9.307/1996, Lei de Arbitragem (BRASIL, 1996).

Essa cláusula pode ser compreendida como "cheia" ou "vazia". A cláusula compromissória "cheia" apresenta "todos os elementos essenciais para a instituição da arbitragem, podendo ainda situar outros requisitos facultativos para a instalação do juízo arbitral" (GUILHERME, 2016, p. 80-81).

No tocante à cláusula compromissória "vazia", também consta no corpo do contrato "prevendo a instituição da arbitragem em caso de litígio futuro", porém não apresenta os elementos essenciais, "ficando a sua estipulação para o momento em que a arbitragem se fizer necessária," o que acarreta a "necessidade de se promover o compromisso arbitral" (GUILHERME, 2016, p. 81).

Sobre o Compromisso Arbitral, aponta-se que é relativo ao momento presente. Não está previsto no contrato, mas diante da existência do conflito e do interesse de se instituir a arbitragem para a solução do conflito, os conflitantes deverão celebrar o Compromisso Arbitral, renunciando a jurisdição estatal. Sua previsão legal consta no artigo 9º da Lei nº 9.307/1996, Lei de Arbitragem (BRASIL, 1996).

O compromisso Arbitral pode ser judicial ou extrajudicial. No primeiro caso, trata-se de uma situação judicializada, sendo a celebração dos termos nos autos processuais. No segundo caso, ocorre através de um instrumento particular assinado por duas testemunhas, ou mesmo por instrumento público (GUILHERME, 2016).

Há também as cláusulas escalonadas de mediação e arbitragem (assunto do Capítulo 4). Essas cláusulas referem-se à espécie do gênero dos Sistemas Multietapas que, para Kroetz (2019, p. 118), "são os modelos escalonados de resolução dos impasses nos contratos complexos e de longa duração" denominados "sistemas de solução de controvérsias multietapas (*multi-tiered disputere solution systems*)". Desse modo, os meios adequados de solução de conflitos, considerando a diversidade de métodos, são necessários para o tratamento dos conflitos contratuais na contemporaneidade, em especial para as relações de longa duração. A possibilidade de escolha e utilização dos mecanismos de solução de conflitos, conforme o caso concreto, propicia o tratamento personalizado, isto é, customizado para as demandas, conforme a sua natureza. Esses meios se configuram como mecanismos que muito podem auxiliar na construção de uma relação saudável e de confiança, acarretando uma economia mais fortalecida e o instituto do contrato mais valorizado, principalmente quando se refere às relações contratuais que exigem um tempo maior para o adimplemento contratual.

Cada mecanismo conta com as suas particularidades e seus benefícios para o conflito ser tratado, pois o tratamento se dá de forma atenta e integral, em que propicia a efetiva participação das partes na escolha dos mecanismos e/ou na busca da solução, cabendo-lhes protagonizar suas demandas a fim de uma decisão justa.

3.3 As relações contratuais no contexto da Covid-19

Há inúmeras ocorrências, no curso da história, que propiciam momentos de descontrole e desajustes na economia e na vida social. Essas ocorrências são denominadas crises. Para Alves (2015, não paginado), "Crise é algo que ninguém controla". "Crise é algo que todos temem (...)". "Ela vem, portanto, de uma interferência indevida, de algum agente externo".

Muitas crises econômicas já foram registradas na história. Trazendo para um cenário mais conhecido, cita-se a crise de 1929 (A Grande Depressão), a crise de 2008-2009 (Crise Financeira Internacional) e a crise de 2011 (A Crise da Dívida Soberana Europeia) – todas de caráter mundial, ocorridas anteriormente ao momento pandêmico da Covid-19. Porém, todas essas experiências anteriores se mostraram incomparáveis com a situação provocada pela pandemia do Covid-19. Lima, Buss e Paes-Souza (2020, p. 1) compreendem que a pandemia da Covid-19 se refere "a uma crise sanitária e humanitária, testando a espécie humana em várias dimensões".

Desde o contexto compreendido entre o mês de dezembro de 2019 até o momento atual, vivenciam-se situações das mais adversas, permeadas de descontrole, instabilidade e equívocos. Para Tartuce (2020, não paginado), "O novo coronavírus – tecnicamente chamado de Covid-19 – transformou-se em uma pandemia de repercussões inimagináveis para todos, atingindo, em cheio, os contratos e demais negócios jurídicos".

Os impactos são sentidos em todas as atividades humanas, inclusive naquelas de natureza econômica, relativas às relações contratuais. Em algumas atividades os impactos atingem proporções negativas e extremadas, inviabilizando a efetivação das atividades ou então acarretando um esforço indigno e irrealizável, devido à onerosidade excessiva para aquele que tem a obrigação de cumprir.

Desde o ano de 2020, primeiro ano da pandemia (considerado o mais crítico), até aqui as medidas de isolamento social foram, inicialmente, as mais eficazes para se evitar o contágio, visto não haver vacinas nem remédios. Esse isolamento ocorreu de forma vertical e de forma horizontal. O isolamento vertical refere-se às pessoas que compõem o grupo de risco, e o isolamento horizontal, aquele relativo ao isolamento do maior número de pessoas em suas residências, sendo este último considerado o mais eficaz para o cenário pandêmico (MOREIRA; OLIVEIRA; GONÇALVES, 2020).

Suetugo e Carvalho (2020, não paginado) acrescentam que "Dentre as medidas não-farmacológicas temos o confinamento total (*lockdown*)", assim como "o distanciamento social seletivo e o distanciamento social ampliado". Essas variações se resumem a "medidas de distanciamento entre as pessoas, a fim de conter a transmissão da doença entre elas."

Assim, no início da pandemia, conforme divulgação na impressa nacional, recomendava-se o isolamento para as pessoas que estavam doentes e para os que tiveram contato com pessoas contaminadas, com o prazo de 14 dias para cada indivíduo se reservar, curar a doença e/ou para evitar a contaminação de outras pessoas. Estavam sujeitos, ainda, a esse isolamento, aqueles que tiveram contato com pessoa contaminada e que ainda não tinham apresentado os sintomas e aqueles que apresentavam alguma comorbidade.

Fala-se no isolamento referente às medidas impostas pelas autoridades governamentais, que impuseram o *lockdown* (confinamento) para as cidades e/ou estados que apresentavam estado crítico em relação ao alto índice de contaminados e às altas taxas de ocupação hospitalar, muitos com a ocupação total de leitos de Unidades de Terapia Intensiva (UTIs). Observa-se que essas medidas tinham o objetivo de parar todas as atividades não essenciais, como forma de conter o contágio da doença, evitar mais mortes e conseguir controlar a situação de verdadeira instabilidade sanitária e humana. Em consonância, Magalhães e Garcia

(2021, não paginado) dispõem que "se as medidas de distanciamento social não fossem adotadas, a capacidade das UTIs para o tratamento da Covid-19 seria superada no primeiro mês em cerca de 130%, ao passo que no segundo mês isso seria correspondente a 14 vezes".

Cumpre destacar que houve um cenário de medo, ansiedade e de outros transtornos de natureza psicológica e psiquiátrica em decorrência dos impactos da Covid-19 para a sociedade. Essas patologias foram fatores que contribuíram para a instabilidade, diante do contexto sombrio. Magalhães e Garcia (2021, não paginado) enfatizam que "Emergências de saúde pública podem afetar a saúde, segurança e bem-estar de indivíduos e comunidades". Os efeitos podem ser motivados pelas "perdas econômicas, fechamentos de postos de trabalho e escolas, emprego inadequado de recursos para assistência médica e distribuição deficiente das necessidades".

A constatação dessa realidade sucedeu com um número expressivo de pessoas que, após contaminadas pela Covid-19, não conseguiram se recuperar e que vieram a óbito, causando um impacto assustador. Houve ainda a situação de famílias esfaceladas, resultando em filhos sem pai, filhos sem mãe, filhos sem pai e mãe, e pais e mães sem filhos. Ademais, houve pessoas que necessitaram de cuidados além do prazo de 14 dias de recuperação da doença, uma vez que muitas pessoas ficaram em estado gravíssimo, inclusive com sequelas em importantes órgãos vitais, ocasionando uma recuperação lenta ou mesmo a não recuperação total, adquirindo, inclusive, patologias associadas à mente. Um cenário nefasto, que Magalhães e Garcia (2021, não paginado) acrescentam que se traduz "em uma série de reações emocionais percebidas através de sofrimento ou condições psiquiátricas, comportamentos não saudáveis como uso excessivo de substâncias e não conformidade com as diretrizes de saúde pública (como confinamento domiciliar e vacinação)".

Em consequência de todas as situações expostas, houve o impacto na economia. Muitas empresas não resistiram e tiveram suas atividades encerradas. Não tinham o fornecimento de serviços e/ou produtos para realizarem suas atividades, ou não conseguiam fornecê-los, pois não tinham mais os clientes. Trata-se de um efeito em cascata cruel e inevitável, que perdura no tempo, tendo em vista que se está no terceiro ano da pandemia, ano de 2022, com alguns efeitos amenizados, mas ainda sob crise, instabilidade e insegurança.

Sobre essa realidade pandêmica e as relações contratuais, enfatiza-se novamente que se refere a uma situação também de grande instabilidade, marcada pela insegurança e incerteza, devido aos impactos de forma abrupta nas relações contratuais, inserindo os contextos econômico e social na situação de "instabilidade da instabilidade" como asseveram Martins-Costa e Silva (2020). As referidas autoras afirmam ainda que a economia, no cenário crítico da pandemia, encontrou-se no estado de *"coma induzido"*, devido às medidas de restrições para conter o contágio dessa doença infectocontagiosa, a Covid-19.

Para verificar uma possibilidade de reajustamento contratual é importante o olhar inicial para o esforço mútuo dos contratantes, a fim de que eles, diretamente ou auxiliados por um terceiro imparcial, possam de forma autônoma, pacífica e solidária decidir quais medidas tomarem, se optam pela suspensão ou dilação dos contratos ou se redesenham suas estruturas e tratativas contratuais, com o fim de estabelecer a ordem econômica e a justiça contratual, diante de um cenário sombrio, sem perspectiva de um final satisfatório.

Martins-Costa e Silva (2020, p. 34-36) compreendem que se trata de "um tempo de cautela", considerando a importância de se fazer escolhas adequadas para "as propostas de soluções", tendo em vista a diversidade contratual no sentido de curta e longa duração, devendo, para cada circunstância, adotar uma medida jurídica adequada.

Como para a maioria dos contratos, tornou-se impossível o cumprimento das suas obrigações no formato original; restou aos contratantes buscar estratégias que viabilizassem o adimplemento contratual. Para Martins-Costa e Silva (2020), deve-se partir, inicialmente, das medidas de suspensão ou dilação do contrato; havendo óbice, pode-se partir para as medidas de revisão ou resolução contratual, sendo esta última a escolha extrema.

Na hipótese de utilizarem as estratégias dos meios autocompositivos e não conseguirem êxito, isto é, de não conseguirem realizar um reajustamento nas suas tratativas através da negociação, conciliação, mediação e outras formas que implicam a autocomposição, resta a busca pelo estado juiz, que possui diversos instrumentos jurídicos para o tratamento de questões que envolvam a rediscussão contratual, considerando situações imprevistas e de força maior.

Há um universo de mecanismos que podem auxiliar os contratantes, ou seja, cabe a utilização dos meios autocompositivos e heterocompositivos de solução de conflitos, tanto no ambiente judicial quanto no extrajudicial, sendo positiva a liberdade de escolha dos contratantes sobre como gostariam de tratar suas questões adversas, imprevistas e de força maior.

É salutar que para cada investida de tratamento os contratantes disponham dos elementos que constituem a boa-fé objetiva, a partir dos seus deveres anexos de conduta como recurso principal para restabelecer as relações contratuais em tempo de pandemia, uma vez que se trata de um cenário atípico em que a instabilidade e a incerteza predominam, o que implica sérias dificuldades para a construção de um novo planejamento com segurança.

As estruturas econômicas e sociais buscam por novas possibilidades, mas cabe aos envolvidos contratuais buscarem um reajustamento entre eles, novas possibilidades de adimplemento contratual e reavivamento da economia, consolidando, desse modo, o alinhamento do pacto a uma relação empática, solidária e responsável.

Assim, considerando o cenário pandêmico da atualidade, bem como a possibilidade de escolha dos métodos para a resolução das contendas, deve-se perceber a necessidade da análise pontual de cada situação, haja vista uma tendência geral para pedidos relativos à revisão contratual ou a sua própria resolução, sob a justificativa de que a pandemia deu causa à inviabilidade de adimplir o contrato conforme a formatação inicial. No entanto, é importante a compreensão de que essa análise deve atender a critérios de interpretação do caso concreto, não podendo ser aplicada a toda e qualquer situação judicializada, sob um olhar genérico e totalizante. Sobre esse entendimento, Schreiber (2020, não paginado) se manifesta expondo que "Não se pode classificar acontecimentos – nem aqueles gravíssimos, como uma pandemia – de forma teórica e genérica para, de uma tacada só, declarar que, pronto, de agora em diante, todos os contratos podem ser extintos ou devem ser revistos".

Nem sempre a revisão ou a resolução contratual são as melhores escolhas, por considerar que cada contrato possui suas peculiaridades, como ilustram Martins-Costa e Silva (2020, p. 34-35) ao considerarem que "perante disrupção e aceleração de mudanças na realidade", tem-se "(...) como boas soluções, as de curto prazo". Aquelas que envolvem uma prolongação de seus efeitos no tempo estão passíveis de uma "ampla margem de erro", sendo mais coerente a compreensão de que é mais apropriado falar em *"tempo da dilação,* não o *tempo da revisão"*.

Esse olhar particularizado visa a evitar injustiças e erros, pois, conforme o cenário pandêmico, é verdade que muitas operações econômicas foram sacrificadas, que negócios se tornaram inviáveis, e os envolvidos passaram de uma situação de segurança e estabilidade econômica para uma situação de calamidade, tendo em vista total imprevisão dos negócios, sem perspectiva de um recomeço e reinserção no mercado, inviabilizando o cumprimento de suas obrigações anteriormente pactuadas.

Ademais, as particularidades devem ser sempre consideradas, pois é verdade que muitas operações econômicas de vários segmentos tiveram seus lucros maximizados, tendo uma rentabilidade superior ao período anterior à pandemia. Considerando a área de consumo, segundo Cardoso (2021, não paginado), conforme o Índice Nacional de Vendas da Associação Brasileira de Supermercados (ABRAS), os supermercados e mercados tiveram "alta nos lucros de 9,36% em comparação ao mesmo período de 2020". Em relação aos medicamentos, a Associação Brasileira das Redes de Farmácias e Drogarias (ABRAFARMA) registrou lucratividade maior "em quase 10%" comparando-se ao mesmo período do ano de 2020. No que se refere à prestação de serviços, verifica-se que o *e-commerce*, comércio eletrônico, "teve crescimento de 47%" do faturamento, bem como houve o aumento de 300% em novas lojas virtuais, conforme dados da Associação Brasileira On-line to Off-line. Na modalidade de *delivery* e de serviços de tecnologia da informação também é verificado um crescimento exponencial devido à mudança de hábitos imposta pela pandemia, tendo a empresa pioneira no serviço de *delivery* dobrado o seu faturamento no ano de 2020 em relação ao ano de 2019.

Há, ainda, a categoria de pessoas que já estavam em situação de inadimplência antes da pandemia, mas que pleiteiam a mesma interpretação jurídica para a revisão ou resolução contratual, sob o fundamento dos impactos decorrentes da crise instalada pelo período pandêmico. Torna-se salutar a adequada e minuciosa análise a partir da individualização do caso concreto para haver a possibilidade jurídica da revisão contratual e a resolução do contrato sob o fundamento dos efeitos da pandemia a quem realmente atende a essa condição e precisa desses direitos. Como consequência, que sejam excluídos aqueles que, diante da situação pandêmica que atravessa o mundo, valem-se, sem necessidade, de forma oportunista e de má-fé desses institutos.

Como exemplo, deve-se levar em consideração o lapso temporal, verificando que o inadimplemento se deu no período que compreende o período pandêmico, conforme o que prescreve a Lei nº 14.010, de

6 de junho de 2020, que trata sobre o Regime Jurídico Emergencial e Transitório das Relações Jurídicas de Direito Privado (RJET) no período da pandemia do coronavírus (Covid-19) em seu artigo 6º, em que afirma que "As consequências decorrentes da pandemia do coronavírus (Covid-19) nas execuções dos contratos, incluídas as previstas no artigo 393 do Código Civil, não terão efeitos jurídicos retroativos" (BRASIL, 2020, não paginado). Stolze e Oliveira (2020, não paginado) esclarecem que "Em outras palavras, os transtornos da pandemia não poderiam justificar problemas ocorridos anteriormente, durante a execução contratual".

Ademais, cita-se a questão do contrato de aluguel que também é tratada pela Lei nº 14.010/2020, em que é verificada a possibilidade de redução do valor do aluguel ou mesmo a possibilidade de extinção do contrato, incompatível para o inquilino que descumpriu o contrato antes da pandemia. Seria mais coerente suspender a obrigação desse pagamento já devido, durante o período pandêmico, caso o inquilino compreenda a categoria impactada de forma negativa pelos efeitos da pandemia. Com o restabelecimento do *status* de normalidade ou de condições favoráveis para o cumprimento da obrigação, o valor devido será cobrado integralmente, com juros e mora.

A Lei trata ainda sobre a mora, os juros e outras situações inerentes à crise pandêmica, bem como tenta apresentar soluções que melhor se adéquem à realidade dos contratantes diante das consequências da pandemia provocada pelo novo coronavírus.

Assim, observa-se que as relações contratuais possuem uma natureza dinâmica, devendo-se fazer adequações conforme necessário, com os objetivos do adimplemento contratual, da segurança jurídica e da estabilidade econômica. Nesse sentido, e considerando o momento pandêmico, ressalta-se que novas formas, configurações e arranjos são exigidos diante dos acontecimentos decorrentes da pandemia, partindo de uma análise que se vale das legislações próprias e da interpretação adequada de cada caso em particular, bem como da boa-fé de cada envolvido, podendo levar o caso ao Poder Judiciário, como também optar pelo uso de outros métodos adequados de resolução de conflitos na esfera extrajudicial, compreendendo os métodos autocompositivos e heterocompositivos.

CAPÍTULO 4

AS CLÁUSULAS ESCALONADAS DE MEDIAÇÃO E ARBITRAGEM

O formato escalonado dos métodos de mediação e arbitragem nas resoluções das demandas contratuais estabelece uma nova mentalidade diante do conflito e de como as pessoas se percebem nas situações de controvérsias, ou seja, trata-se de uma reconfiguração do modo de perceber as contendas e da necessidade de agir assertivamente, com o fim de atender aos objetivos contratuais, pois se refere a um processo de atribuição de responsabilidades dos envolvidos para que eles próprios busquem a melhor solução para o conflito vivenciado, com plena consciência do papel e importância de cada um para o restabelecimento de uma relação de confiança que garanta o adimplemento contratual.

Mostra-se imprescindível a abordagem referente à adoção de mecanismos de soluções de conflitos sob uma nova perspectiva e ancorada na diversidade, bem como de métodos inovadores e extrajudiciais de resolução e pacificação de conflitos, que compõem um cenário independente do Poder Judiciário.

Nesse sentido, analisa-se, neste capítulo, as cláusulas escalonadas de mediação e arbitragem como mecanismos de solução de controvérsias nas relações contratuais de longa duração, a partir da sua compreensão conceitual e metodológica, bem como as vantagens da utilização dessas cláusulas diante de um cenário vulnerável a tantas mudanças, principalmente aquelas imprevistas em que as relações contratuais de longa duração estão compreendidas. Outrossim, verifica-se, neste capítulo, a inter-relação da utilização das cláusulas escalonadas de mediação e arbitragem como mecanismos de solução de controvérsias que impactam o fenômeno da desjudicialização.

4.1 Conceito e metodologia

As relações contratuais compõem um universo de grandes variantes e lidam com questões de extrema importância financeira e social, que se não forem resolvidas de modo adequado, diante do surgimento de um conflito, refletirão diretamente no adimplemento contratual, que, por sua vez, ressoará na segurança jurídica e na estabilidade econômica.

Na contemporaneidade, verifica-se a existência de uma diversidade de mecanismos de solução de conflitos que podem ser utilizados na construção de um novo cenário, a partir de ajustes e adequações para o efetivo cumprimento contratual. Kroetz (2019, p. 118) assevera que "Entre a renegociação direta dos contratos e a sua revisão adjudicatória pelo Judiciário ou em arbitragem, existe um espectro de métodos e técnicas disponíveis para a readequação".

A adoção desses mecanismos dá-se por consensualidade entre os contratantes e se resume na possibilidade de os próprios conflitantes optarem pela forma adequada do tratamento do conflito, o que consiste nas definições dos mecanismos, em um momento em que os conflitos passam a existir e/ou em um momento que antecede a existência do conflito. Para cada situação há uma forma de anuência à convenção. Para Levy (2013), a expressão da vontade das pessoas na escolha de tratar os conflitos por determinados mecanismos (mediação, arbitragem entre outros) refere-se à "convenção", termo empregado em sentido amplo "à estipulação contratual".

Na escolha prévia ao surgimento do conflito, as próprias pessoas poderão expressar a vontade de resolvê-los por determinados mecanismos, no corpo do contrato principal. Nessa fase, tem-se a anuência dos envolvidos, quando eles concordam em resolver seus conflitos através de mecanismos autocompositivos e/ou adjudicatórios, conforme a escolha feita por eles, podendo ser uma convenção de mediação e/ou uma convenção de arbitragem, entre outras possibilidades.

A convenção se consolida através da inserção de uma cláusula, no contrato, que pode ser a cláusula compromissória ou a cláusula escalonada de métodos, bem como através de compromisso. Na primeira hipótese, elege-se o mecanismo ou os mecanismos que serão adotados para a busca da solução. Trata-se da definição antes do surgimento do conflito. Outrossim, na segunda hipótese a forma de se efetivar uma convenção será através do compromisso. Nessa situação, o conflito já existe, e não consta estipulação prévia no contrato da forma do tratamento dos impasses contratuais, podendo o compromisso se referir ao compromisso de mediação e ao compromisso arbitral. Levy (2013, não paginado) compreende que "A configuração da convenção de mediação nos remete à ideia da convenção de arbitragem, em suas modalidades cláusula arbitral e compromisso arbitral".

Levy (2013, não paginado) acrescenta que quando se fala em convenções de solução amigável de controvérsias "fala-se em cláusula de cortesia; convenção de mediação nas suas modalidades cláusula e compromisso; cláusulas escalonadas que combinam mediação e arbitragem", o que configura dizer que as cláusulas escalonadas são espécies do gênero cláusulas de convenções de solução amigável de controvérsias. Outrossim, a convenção, em sentido amplo, pode ser instituída pelas denominadas Cláusulas Compromissórias e/ou Cláusulas Escalonadas de Mecanismos Autocompositivos e Adjudicatórios, situação em que são inseridas no corpo do contrato, ainda na construção deste, as definições sobre como os conflitantes gostariam que os seus conflitos fossem abordados.

Sobre a cláusula compromissória, enfatiza-se que apresenta também uma tipologia. Para o interesse deste trabalho, cita-se a cláusula compromissória de mediação e a cláusula compromissória de arbitragem. A primeira, denominada cláusula compromissória de mediação, visa o tratamento do conflito a partir do meio autocompositivo, utilizando-se do mecanismo da mediação. Mello e Castro (2018, não paginado) ressaltam que "quando da elaboração de um contrato" é possível que os conflitantes se comprometam a se submeter, "quando do surgimento do conflito, a um método de autocomposição".

Levy (2013, não paginado) complementa que a cláusula de mediação possui "verdadeira relação jurídica obrigacional, pela qual as partes se comprometem a submeter eventual conflito que venha a surgir entre elas à mediação, como meio de tentativa de composição amigável". A autora acrescenta que "por convenção de mediação privada" entende-se "a previsão contratual realizada entre duas ou mais pessoas capazes, na qual fica estabelecido que as partes se comprometem a participar de um procedimento de mediação".

A segunda, conhecida por cláusula compromissória de arbitragem, refere-se à utilização do mecanismo da arbitragem, meio adequado de solução de conflitos de natureza heterocompositiva, eminentemente privado, em que o terceiro neutro decidirá pelos envolvidos sobre a possível solução. Para Rocha (2020, p. 54), "a cláusula compromissória determina a jurisdição arbitral em momento anterior ao litígio" e acrescenta que "na maioria das vezes, a arbitragem surge de uma cláusula compromissória", ou seja, seria similar ao exposto sobre a cláusula de mediação, que trata de uma definição contratual prévia para expressar a forma de tratamento de um possível conflito que possa surgir no curso de uma relação contratual.

Cumpre destacar que, nesse formato de inserção de cláusulas compromissórias na formação do contrato, opta-se por um destes mecanismos para a resolução do conflito (mediação ou arbitragem). Eles não funcionarão em alternância, e sim de forma única e exclusiva, atuando como meio de tratar o conflito afastado do Poder Judiciário.

Em relação às cláusulas escalonadas de mecanismos autocompositivos e adjudicatórios, considera-se a alternância dos mecanismos, em que serão estipulados quais métodos podem ser combinados para o tratamento do conflito. Para Teixeira (2010, p. 12), "São cláusulas escalonadas, em suma, aquelas que preveem estágios distintos, envolvendo procedimentos separados cujo objetivo é a resolução de disputas".

Teixeira (2010, p. 12) enfatiza ainda que "O escalonamento de métodos de ADR (da sigla inglesa *Alternative Dispute Resolution*" tem demonstrado ser "um instrumento importante na solução de litígios", pois "pode prever o emprego de métodos de composição de litígios *autocompositivos*, como a negociação, a mediação e a conciliação, e *adjudicatórios*, como a arbitragem, como meios de solução de controvérsias.

Kroetz (2019, p. 118) aponta ainda que as cláusulas escalonadas "são os sistemas multietapas de solução de controvérsias, denominados também como (*multi-tiered dispute resolution systems*)". Os Sistemas Multietapas correspondem a um procedimento em que os interessados podem trazer, nos contratos, previsões de como serão dirimidas as possíveis controvérsias que surgirem no curso das relações contratuais. Essas previsões consistem em fazer combinações de inúmeros métodos que serão utilizados em sequência, na busca de respostas que atendam às necessidades dos contratos.

Observa-se, ainda, que como regra dos Sistemas Multietapas elege-se, inicialmente, os meios autocompositivos para que, posteriormente, utilize-se dos meios heterocompositivos, mas não necessariamente, pois os mecanismos multietapas não têm uma formatação única. Há uma preferência, e não uma única forma de ordem para a utilização dos métodos, como enfatizado por Kroetz (2019, p.119) ao dizer que "A preferência é iniciar por previsões de negociação estruturada, mediação e avaliação externa por um neutro, que são mecanismos cujo desfecho não é compulsório e que depende da concordância dos interessados" e que, portanto, após a tentativa autocompositiva é que se recorrerá aos outros métodos adjudicatórios. Como bem colocado pela autora, "depois aparecem os prognósticos de formas vinculantes para a solução do litígio, a saber, decisão por perito (*expert determination*), a arbitragem ou a litigância judicial que, mesmo não prevista, se não afastada, segue sendo a expressão do direito de ação" (KROETZ, 2019, p. 119).

Assim, observa-se um caminho a percorrer, de modo sistematizado, que garante a utilização de diversos métodos na busca de solução do conflito; no entanto, com uma orientação procedimental privilegiando a vontade dos envolvidos para que, em segundo plano, possa-se optar por métodos adjudicatórios em que terceiros poderão decidir. Trata-se do escalonamento de métodos, ou seja, faz-se referência às cláusulas escalonadas de resolução de controvérsias que privilegia, inicialmente, os métodos autocompositivos, para então, em momento posterior, na hipótese de não solução da demanda, buscar os métodos heterocompositivos.

Nas cláusulas escalonadas de mediação e arbitragem, os métodos escolhidos para o tratamento do conflito são a mediação e a arbitragem. Em conformidade, acentua-se que as cláusulas escalonadas de mediação e arbitragem são mecanismos de solução de conflitos que privilegiam o tratamento integral do conflito, visando atender aos interesses das pessoas envolvidas, bem como o adimplemento contratual. As cláusulas são estipuladas nos contratos no momento da sua formação e têm como função principal estabelecer a forma de tratamento que se dará na eventualidade do surgimento de conflitos no curso do contrato, tendo como característica preponderante "a utilização sequencial dos meios consensuais e adjudicatórios" (LEVY, 2013, não paginado).

Outra característica identificada é que as cláusulas escalonadas de mediação e arbitragem podem também atender como as cláusulas med-arb e/ou arb-med. A combinação de métodos consiste na utilização da mediação e da arbitragem para as resoluções de controvérsias que surgem no curso do contrato. Kroetz (2019, p. 119) enfatiza que "(...) é frequente a adoção das chamadas cláusulas escalonadas arb-med ou med-arb porque, apesar de serem mecanismos essencialmente diferentes, a mediação e a arbitragem têm uma simbiose fortalecedora que justifica a adoção combinada".

Na prática, elege-se geralmente a mediação e, caso não se tenha um resultado a contento, utiliza-se a arbitragem. Pode-se, ainda, optar pela mediação no curso da arbitragem, de modo a tratar questões adversas, paralelas e, inclusive, diferentes do conflito principal, no entanto, relacionadas a ele e que podem comprometer a efetividade da resolução pela arbitragem, se não forem dirimidas.[10]

Nesse sentido, a mescla entre mediação e arbitragem resulta na adoção de uma estratégia de resolução e pacificação de conflito, visto que utilizar os dois mecanismos reflete na melhor administração do tempo, haja vista muitas vezes haver a necessidade de suspensão do contrato para tratar dessas questões que envolvem o conflito, assim como a otimização de recursos, sob a ideia de custo-benefício, considerando um tratamento integral dos diversos aspectos que constituem o conflito, em comparação ao que ocorre no Poder Judiciário. Trata-se da resolução dos impasses contratuais no ambiente privado, sob a óptica da integralidade dos conflitos contratuais.

4.2 As vantagens das cláusulas escalonadas de mediação e arbitragem

As relações contratuais, consequências das relações sociais e econômicas, compreendem um contexto integrado e não fragmentado. A visão fragmentada sobre as relações é vista por Moraes (2003, p. 3) como "insuficiente para a devida percepção e compreensão das relações entre os componentes do mundo em que vivemos", isso porque elas "resultam em atitudes e ações essencialmente imediatistas, individualistas ou corporativistas, quase sempre sem nenhuma consideração histórica, prospectiva ou ambiental".

No tocante à visão integrativa, essa é vista por Moraes (2003, p. 2) como "a base de referência para os seres humanos se relacionarem", de modo que novas adequações e estilos podem ser incorporados no desenvolvimento das sociedades humanas. O autor ainda explica que pode "servir como base para atitudes e ações, individuais e coletivas,

---

[10] Levy (2013, não paginado) explica que "Esse escalonamento pode ocorrer de duas maneiras: pela previsão inicial de mediação e, caso ela reste infrutífera no sentido de obtenção do acordo, continua-se a gestão do conflito com a arbitragem (cláusula arbitral escalonada med-arb); ou no sentido inverso, iniciado o procedimento arbitral, ele é suspenso para que a mediação se desenvolva, para em seguida ser retomado para a homologação do acordo ou continuidade do procedimento arbitral (cláusula arb-med).

fundamentadas em considerações relacionais no tempo e no espaço, ou seja, atitudes e ações que levem em consideração os aspectos históricos, prospectivos e ambientais", visto que pode oportunizar relações "justas, prudentes e viáveis", baseadas na colaboração, solidariedade, empatia e responsabilidade.

Não se pode assimilar o contrato como uma peça técnica que regulamenta um negócio jurídico, uma prestação de serviço, um fornecimento de material, etc., de modo isolado, fragmentado ou dissociado dos aspectos éticos, morais, culturais, regionais, políticos, jurídicos, entre outros. Os contratos possuem uma essência integrativa, inter-relacional, em que a não observância de um aspecto implica em outro ou em outros, acarretando o desenvolvimento contratual de modo desequilibrado e injusto.

É natural a modificação das circunstâncias, dos prognósticos e dos resultados. É coerente que, diante das modificações das circunstâncias, as partes que celebraram um contrato possam pensar juntas em como realizar possíveis ajustes para o efetivo adimplemento contratual. Gordon (2007, p. 190-191) assevera que "As convenções não ficam congeladas no momento inicial de compromisso, mas se modificam com as circunstâncias".

O contrato principal se apresenta como primeira referência para o desenvolvimento contratual, podendo, em qualquer momento, diante de novas circunstâncias, haver um reajuste. Isso enseja a necessidade de realinhamento de custos, de recursos, de tempo, de estratégias, de uma nova programação.

Apesar de possuir um objeto específico a ser tratado, às vezes bem definido, como por exemplo a entrega da obra que não foi realizada no prazo estabelecido, o fornecimento de matéria-prima na quantidade exata, etc., compreende um contexto multifacetado, com múltiplas relações incorporadas na sua estruturação e durante o seu curso.

Gordon (2007, p. 191) contribui expondo que "Em momentos ruins, espera-se de cada uma das partes que forneça mútuo suporte à outra em vez de fincar pé em seus direitos" e que "a insistência de uma das partes em obter a prestação exatamente como fora acordada configura-se em uma exigência abusiva".

Os contratantes não podem desprezar as reais condições para o favorável adimplemento contratual. Não podem ficar presos às combinações iniciais, que estão inviabilizadas e implicam a descontinuidade do contrato. Os contratantes devem dispor de um olhar prospectivo, considerando situações futuras, avaliando novas estratégias, novos ambientes (cenários) e novas contratações, tendo em vista a integralidade do mercado e comunidade econômica.

É importante destacar que, quando da ocorrência de um conflito no contrato, os contratantes devem observar a boa-fé objetiva e os seus deveres laterais ou anexos de conduta, pois, diante do conflito, só o contrato e as suas cláusulas não são suficientes para conter qualquer adversidade, uma vez que atitudes colaborativas, empáticas e de responsabilidade mútua são essenciais.

Pereira (2008, p. 97) acrescenta que "aos contratantes não cabe tão somente a observância e o respeito às cláusulas estipuladas no contrato, mas também à colaboração leal na satisfação das necessidades da relação obrigacional", isto é, na eventualidade da realização de ajustes no contrato, com a finalidade de atender o seu cumprimento integral, serão possíveis adequações, e caberá, inicialmente às pessoas envolvidas, a postura colaborativa, de boa-fé e lealdade, verificando sempre o que será necessário fazer diante de um conflito, para que o cumprimento do contrato resulte na satisfação dos interessados.

Para Pereira (2008, p. 102), adimplir uma obrigação de modo integral consiste em satisfazer, a um só tempo, os deveres de prestação (principais e secundários) e os deveres laterais ou anexos de condutas (decorrentes da cláusula geral da boa-fé objetiva). Esclarece o autor que as atitudes dos contratantes, baseadas nesse entendimento, destinam-se à satisfação deles próprios, isto é, à "satisfação dos interesses tanto do credor quanto do devedor".

Considerando que o aspecto do adimplemento integral da obrigação consiste no cumprimento dos deveres obrigacionais principais e secundários, assim como os deveres laterais ou anexos de condutas, que envolvem a boa-fé objetiva, vislumbra-se enfatizar que, na situação de um possível surgimento de conflitos no curso do contrato, paralelo aos objetivos contratuais, destaca-se a importância das mudanças no modelo de resolução de controvérsias, possibilitando a utilização das cláusulas escalonadas de mediação e arbitragem quando os envolvidos não conseguem, sozinhos, compreender as questões atinentes à boa-fé objetiva, quais sejam, a proteção, a comunicação, a informação, a lealdade, o esclarecimento e a cooperação.

Nesse sentido, a mescla dos mecanismos de mediação e arbitragem corresponde a uma possibilidade do tratamento de diversos aspectos do conflito que se inter-relacionam, resultando na resolução e pacificação das adversidades de forma mais completa e eficaz, pois funcionam harmonicamente nas suas combinações.

É importante ressaltar que essa metodologia do uso sequencial da mediação e da arbitragem propicia resultados qualitativos de forma significativa, visto que considera todo o contexto do conflito, desde as questões objetivas do contrato, as questões subjetivas dos envolvidos e outras, que se inter-relacionam com o objeto principal da demanda, isto é, a partir de uma abordagem integrativa. Levy (2013, não paginado) complementa dizendo que "Apesar de mediação e arbitragem serem mecanismos de resolução de conflitos essencialmente diferentes, é costumeiro se apresentarem unidos institucionalmente".

Essa abordagem integrativa ocorre devido à combinação dos mecanismos da mediação e da arbitragem, pois utiliza os métodos de forma sequencial visando ao tratamento de questões peculiares a cada mecanismo. Observa-se, ainda, que possuem algumas características que favorecem essa mescla, uma vez que ambos são de natureza privada, e o desenvolvimento dos métodos está pautado em resolver as demandas e evitar a judicialização (LEVY, 2013).

As cláusulas escalonadas de mediação e arbitragem funcionam como recursos metodológicos e estratégicos para solucionar os conflitos das relações contratuais de longa duração de modo eficaz, tendo em vista que estas demandas têm como peculiaridades: exigência de extensão do tempo para o seu adimplemento, maior possibilidade de surgimento de impasses, maior tempo de contato entre as pessoas e necessidade da condução eficaz das situações adversas que possam surgir. Isso porque a relação contratual corre risco de não atingir seu objetivo, ou seja, de não atingir o adimplemento contratual, causando prejuízos, frustrações, insegurança, desequilíbrio e injustiça contratual.

Na contemporaneidade, não se objetiva o dispêndio de tempo e energia com questões que podem ser tratadas (definidas) desde um momento anterior à sua existência. Nesse sentido, as cláusulas escalonadas de mediação e arbitragem podem atuar de forma eficiente e eficaz, uma vez que já deixam estabelecida previamente a formatação de como os impasses contratuais, que porventura possam surgir, poderão ser resolvidos e pacificados.

Sobre o tempo de utilização dos mecanismos de solução de conflitos das cláusulas escalonadas de mediação e arbitragem, evidencia-se que se mostra vantajoso, principalmente se o conflito for solucionado na primeira fase do procedimento. Na hipótese da necessidade da utilização dos dois mecanismos (mediação e arbitragem), há uma inquietação sobre a vantagem temporal; no entanto, Levy (2013, não paginado) assevera que se trata de "um benefício fortemente considerado, mas que pode ser questionado, caso as partes cheguem a procedimento arbitral" seguindo a ordem med-arb, pois para a autora "há dois procedimentos que tomarão seu curso, em vez de um só", porém "se o tempo da fase de mediação for bem controlado, essa questão fica superada".

Em relação à vantagem das cláusulas escalonadas de mediação e arbitragem comparada com o tempo de duração do processo judicial,[11] aponta-se uma maior possibilidade de vantagens, por ser o processo judicial um procedimento mais rigoroso, que possui fases obrigatórias e prazos bem definidos, os quais devem ser respeitados, além de lidar com o excesso de processos a serem resolvidos, o que implica maior demora, ou seja, na morosidade da justiça. Levy (2013, não paginado) elenca as vantagens das cláusulas escalonadas de mediação e arbitragem incluindo "menor custo e tempo mais curto".

O custo financeiro é verificado a partir do custo-benefício calculado, haja vista a previsibilidade de quanto custarão a resolução e/ou pacificação do conflito através desses mecanismos, bem como o tempo de sua duração. Comparado ao processo judicial, que na maioria das vezes se mostra como um mecanismo dispendioso para atender às necessidades contratuais diante de um conflito, depara-se com a imprevisibilidade temporal e decisória, o que implica imprevisibilidade de custo e aumento da situação de risco para os contratantes. Inclusive, Levy (2013, não paginado) acrescenta que "o investimento feito na fase de mediação, ainda que essa não traga o acordo, é sempre um bom investimento", pois para a autora, com a utilização da mediação "sempre fica a semente da possibilidade da solução amigável do conflito em seus participantes". Ademais, prossegue a autora, "normalmente os valores a serem despendidos são perfeitamente aceitáveis considerando os riscos e custo do litígio".

As cláusulas escalonadas de mediação e arbitragem funcionam harmonicamente nas combinações de seus métodos, e as resoluções das

---

[11] Compreende-se a existência do Artigo 190 do Código de Processo Civil e a possibilidade de resolução do conflito a partir da autocomposição a qualquer tempo no curso do processo judicial. No entanto, a duração do processo judicial, aqui mencionada, refere-se ao processo judicial considerando a sua resolução contenciosa, em que as partes não têm intenção/interesse da resolução/pacificação pela autocomposição, devendo o magistrado ser o responsável pela decisão judicial.

demandas acontecem de modo mais célere, com menor custo financeiro, bem como pautadas na confidencialidade, considerada não apenas relevante, mas essencial. Levy (2013, não paginado) dispõe que "A confidencialidade constitui um forte atrativo às pessoas, sobretudo às jurídicas, que desejam preservar sua imagem e suas questões internas da exposição pública".

Essas cláusulas apresentam inúmeras situações positivas para a sua utilização, pois contribuem para a obtenção de respostas adequadas, de forma célere, sigilosa e com previsibilidade do custo-benefício. Isso implica a fomentação do acesso à justiça a partir da ordem jurídica justa, bem como a existência de outros ambientes diferentes do Poder Judiciário para o tratamento das demandas contratuais e, consequentemente, a possível desjudicialização dessas demandas.

4.3 As cláusulas escalonadas de mediação e arbitragem como mecanismo de desjudicialização

É preciso compreender que os conflitos não ocorrem apenas entre pessoas físicas e de forma simplificada, seguindo um mesmo padrão. Há também pessoas jurídicas que conversam entre si, assim como pessoas jurídicas que se relacionam com pessoas físicas em um ambiente mutável, que se torna cada vez mais complexo, o que acarreta a mudança de padrão das resoluções dos conflitos, isto é, um verdadeiro universo multifacetado.

As relações entre pessoas jurídicas, em particular as relações contratuais de longa duração, também são alvo de divergências e possuem uma dinâmica cotidiana que exige a compreensão de seus valores e finalidades contratuais para o devido adimplemento contratual.

Apesar da defesa da necessidade e importância da existência e do fortalecimento da culturalização da diversidade de mecanismos para a solução dos conflitos, considerando que eles podem ser utilizados tanto no ambiente judicial quanto no extrajudicial, faz-se questionamentos de que para algumas demandas, em especial as referentes a relações contratuais de longa duração, no seguinte sentido: Será que o Poder Judiciário configura-se como um ambiente propício para tratar as peculiaridades dessas relações? Isto é, o Poder Judiciário demonstra ser um ambiente favorável e atrativo para resolver adequadamente as adversidades dessas demandas? Para responder a tais questões, busca-se fundamentações no contexto que caracterizam tanto o perfil do Poder

Judiciário na atualidade quanto o perfil das relações contratuais no tocante às suas peculiaridades.

Em relação ao perfil do Poder Judiciário, aponta-se um cenário marcado por dificuldades de garantir direitos, resolver e pacificar conflitos. Recentemente, dificuldades como chegar ao Poder Judiciário e garantir a efetiva igualdade entre as partes se tornaram novamente preocupações centrais, devido à situação pandêmica que ocasionou medidas restritivas de combate à Covid-19, impossibilitando a presença das partes – advogados, juízes e servidores – nos ambientes dos fóruns, uma vez que foi incorporado o sistema virtual de atendimento das demandas, conforme a Recomendação nº 101, de 12 de julho de 2021, do Conselho Nacional de Justiça (BRASIL, 2021).

Além dessas dificuldades, existem aquelas decorrentes dos efeitos das três ondas de acesso à justiça, defendidas por Cappelletti e Garth (1988), que se referem ao estímulo à judicialização que justificou o grande número de demandas judiciais existentes, o crescimento contínuo de novas demandas, a precariedade da estrutura física, tecnológica e de pessoal da Justiça, incompatível com o número de demandas existentes no cenário atual, o que acarreta a morosidade do processo judicial e, consequentemente, a não saída ou a saída tardia das demandas do Poder Judiciário, como também o alto custo do processo.

Isso posto, resume-se na dificuldade da prestação qualitativa dos serviços judiciais. Marinoni (2004, p. 2) acredita que "O grande problema, na verdade, está em construir tecnologias que permitam aos jurisdicionados obter uma resposta jurisdicional tempestiva e efetiva" e ainda associa às "mudanças da sociedade e dos próprios direitos", como também verifica que "o Estado apresenta dificuldade em estruturar-se de modo a atender a todos de forma efetiva".

Ademais, há dificuldades de caráter interpretativo a serem enfrentadas, relativas a várias temáticas sociais, inclusive as de natureza contratual, causando uma instabilidade ampliada, visto que atingem diversos segmentos sociais.

Sobre as dificuldades relacionadas à efetividade jurisdicional e pertencente a um contexto mais contemporâneo, aponta-se as decisões judiciais como uma significativa queixa dos jurisdicionados, isso porque: a) demoram a sair do Judiciário, pelos motivos já conhecidos, e quando saem b) geralmente não contemplam os reais interesses das partes e não atendem aos princípios fundantes dos institutos. Em consonância, Barreto e Thiel (2021, p. 31) asseveram que "muitas são as insatisfações com a demora da justiça, bem como da existência dos vários procedimentos e recursos judiciais e da decisão judicial que não contempla a realidade dos envolvidos".

Considerando a letra "b", evidencia-se que a sua ocorrência dá-se a partir do ativismo jurídico, influenciado pelo solipsismo judicial, uma vez que as decisões assumem características procedimentais distantes das fundamentações pautadas nas fontes do Direito, revelando-se decisões imbuídas de valores morais e pessoais dos magistrados, conforme seus sentimentos pessoais e com fundamentos de justiça social. Sob essa perspectiva, é importante citar Pereira (2018, p. 57), quando destaca que "o solipsismo judicial", responsável pela produção de decisões judiciais "proferidas com base em estado de consciência", é proveniente de uma "falsa ideia de que o juiz exerce atividade criadora do Direito com ampla margem de liberdade". Ademais, o autor continua esclarecendo que isso resulta de outro entendimento equivocado relativo à compreensão de que "o preenchimento de conceitos indeterminados é uma tarefa arbitrária, baseada em impressões pessoais e na escolha entre alternativas que se apresentam como possíveis para a solução justa do caso concreto", o que implica a institucionalização do "decisionismo, a insegurança jurídica e toda a sorte de problemas daí derivados".

Portanto, refere-se a posturas procedimentais inadequadas para a busca de uma solução efetiva, que atuam em detrimento dos reais valores e finalidade dos institutos, ocasionando, conforme Barreto e Thiel (2021, p. 24), "a existência de inúmeros artifícios processuais que os litigantes fazem uso", com o objetivo de "terem seu pedido analisado e reanalisado em busca de um resultado satisfatório". Isso demonstra a insatisfação do jurisdicionado com o resultado obtido nas decisões judiciais, o que pode ser considerado como um risco para a confiança na Justiça frente às resoluções das questões a serem resolvidas pela via judicial.

Timm (2009, p. 17) colabora dizendo que "custas judiciais elevadas, um sistema com problemas de morosidade, com procedimentos demasiadamente complexos, exagerado sistema recursal, somado ao excesso de demandas, podem encorajar as partes a usarem mecanismos alternativos de resolução de conflitos". Ademais, o autor também dispõe que "a falta de estabilidade nas decisões estritamente ligadas à insegurança jurídica não afetam apenas as partes do processo judicial, mas comprometem o desenvolvimento econômico do Estado Democrático de Direito".

Como já enfatizado, todas essas dificuldades e obstáculos, de caráter clássico ou contemporâneo, são comuns e se apresentam como constantes desconfortos para as demandas das relações contratuais. Como produto do ambiente social, as relações contratuais são identificadas pelo seu dinamismo e complexidade. Outrossim, acrescenta-se que faz parte da sua essência a possibilidade modificativa, principalmente se o contrato for da categoria de longa duração (MARTINS-COSTA; SILVA, 2020).

No que se refere à ocorrência de conflitos contratuais, tem-se a possibilidade de revisão ou resolução contratual pela via judicial. No entanto, observa-se com certa frequência que as respostas judiciais apresentam desconexão com a ordem econômica. Inclusive, Pereira (2018, p. 44) assevera que "o número de demandas com esse viés continua crescendo, sendo o Poder Judiciário utilizado de forma predatória". O autor acrescenta ainda que essa prática se dá, inclusive, "por quem, sabendo não ter direito, arrisca a própria sorte, mal disfarçando a intenção de procrastinar o cumprimento de obrigações ou simplesmente descumpri-las com o beneplácito do Estado".

Ademais, deve-se considerar a postura dos magistrados diante desses julgamentos, uma vez que demonstram estar presos ao fundamento de julgar a partir de "experiências pessoais" dos intérpretes e anseio por fazer "justiça social", desvinculados de um modelo tradicional decisório, acarretando instabilidade no mercado, insegurança jurídica e afastando o contrato do seu objetivo fim, ou seja, regular as formatações contratuais, que visam o regular funcionamento da economia. Pereira (2018, p. 101) argumenta que "o respeito aos contratos é, portanto, fundamental para o desenvolvimento de uma economia de mercado". Enfatiza, ainda, que "Quando as instituições do Estado não funcionam, as pessoas procuram outros meios para dar solução aos seus conflitos".

Algo que alteraria esse cenário de "crise e instabilidade" seria a observação da liberdade procedimental e da autonomia privada para escolher o melhor método e o mais adequado ambiente para a resolução de conflitos contratuais, podendo ocorrer tanto no ambiente judicial quanto no ambiente extrajudicial, assim como estar estipulado previamente a partir de cláusulas contratuais que irão definir os métodos utilizados para a resolução das divergências de interesses contratuais apresentadas, desde que sejam escolhas dos próprios contratantes em conflito, como enfatizado por Carmona (2009, p. 83) ao expor que "O consentimento dos interessados é essencial".

No tocante às relações contratuais de longa duração, que têm como fatores elementares o tempo e o risco do adimplemento não se efetivarem como o planejado, tendo em vista a probalidade de mudanças no curso contratual, mostra-se interessante utilizar a combinação de mecanismos como a mediação, a arbitragem, entre outros, que compreendem o sistema multietapas. Levy (2013, não paginado) enfatiza que "a experiência tem demonstrado que esses mecanismos são usualmente aplicados em contratos complexos, de longa duração e de execução continuada" e "visam, sobretudo, a manutenção dos vínculos comerciais entre as partes por meio da construção de soluções periódicas e amigáveis para os conflitos que vão surgindo durante a execução das prestações contratuais", bem como considerando "os benefícios oferecidos por cada mecanismo em separado".

Ademais, todo contrato tem seu custo, e em relação ao contrato de longa duração corre-se riscos relativos ao aumento do custo e à sua continuidade e/ou existência, podendo acarretar a resolução contratual. Moreira (2020, não paginado) cita que diante da resolução contratual pode-se verificar malefícios que envolvem todo um contexto, e não apenas o não cumprimento da obrigação, ao dispor que:

> (...) especialmente em se tratando de contratos complexos – prejudicaria a coletividade, já que outros contratos, atrelados ao resolvido, deixariam de ser cumpridos, o que pode afetar diversos empregos diretos e indiretos que dependem da manutenção de tal negócio jurídico, bem como a própria economia, em geral, da sociedade em que estiverem inseridos.

Isso demonstra que, caso os conflitos, inclusive os conflitos de maneira geral, não sejam tratados de forma adequada e em tempo hábil, eles podem acarretar prejuízos imensuráveis e irreparáveis.[12] É possível estabelecer um cálculo exato das perdas e danos, mas vem acompanhado de um enorme esforço para que uma situação de equilíbrio se restabeleça.

---

[12] Levy (2013, não paginado) assevera que "Se um conflito pode ser uma excelente oportunidade de crescimento em todos os campos, entretanto, tal tarefa não é das mais simples e sabemos que o conflito mal conduzido pode levar à guerra dizimando populações, afetar a estabilidade econômica, gerando enormes prejuízos sociais, causar inúmeros malefícios pessoais e patrimoniais".

Compreende-se que as controvérsias que aparecem no curso de um contrato devem ser tratadas de maneira que se preserve a relação contratual e que o negócio não seja colocado em risco em decorrência de um procedimento de resolução de conflitos. Nesse sentido, Kroetz (2019. p. 116) assevera que "Uma das funções dos contratos, sobretudo dos duradouros, é propiciar uma resolução efetiva e não traumática dos conflitos que aflorem em seu curso, sem prejudicar as operações econômicas que lhe são subjacentes", ou seja, o contrato foi feito com um objetivo, tem uma função importante para a execução das atividades alinhadas contratualmente, assim como possui uma função perante o cenário econômico. Desse modo, o seu adimplemento se faz importante e essencial, mesmo que precise fazer novos ajustes, devendo-se pautar na prudência, cabendo essa compreensão tanto àqueles que decidem pelas partes quanto a elas próprias.

Em resumo, o Poder Judiciário apresenta um alto custo processual, assim como uma longa espera por uma decisão, o que compromete, de fato, a continuidade contratual. O tratamento dos impasses se realiza de forma descontextualizada, desconsiderando os fundamentos econômicos, decidindo com base nas experiências pessoais e de justiça social dos magistrados e magistradas, configurando o ativismo judicial e estabelecendo a insegurança jurídica. Pereira (2018, p. 101) destaca que quando as decisões judiciais são proferidas com desprezo às "regras do Direito dos Contratos, os agentes econômicos promovem o aumento dos preços dos produtos e serviços e, sempre que possível, procuram resolver seus conflitos fora do judiciário como, por exemplo, através da mediação e da arbitragem". Ademais, outra razão justificadora é que o Poder Judiciário, ao continuar com essas posturas, demonstra que ignora as consequências das suas decisões judiciais para o contexto econômico e social, uma vez que refletem nos mais vulneráveis, tornando a situação deles ainda mais difícil.

Para suprir essas dificuldades, verifica-se a necessidade de um novo olhar e um novo fazer. Para tanto, novos conceitos foram incorporados à sociedade. Fala-se hoje em acesso à justiça, conforme Mancuso (2019, p. 27), afastado da "vetusta concepção do monopólio estatal", sendo gradativamente substituído pela proximidade com "novas ideias e propostas aderentes à tendencial e crescente desjudicialização dos conflitos".

Todas essas razões se configuram como elementos que propiciam o afastamento do público das relações contratuais do Poder Judiciário, como ambiente para resolver e pacificar seus conflitos, ou seja, a adoção de outras medidas de tratamento de conflitos afastadas do ambiente judicial contribui para o fenômeno da desjudicialização.

Para Cavaco (2017, p. 125 e 137), o termo desjudicialização compreende a fusão da partícula vocálica "des" com o vocábulo "judicialização", que pode ser conceituado como "um conjunto de ações ou práticas executadas fora da esfera judicial". No entanto, o autor, a partir de uma análise mais profunda, esclarece que se trata de um "movimento de reformulação da função judiciária, minimizando seu papel em vista do seu impositivo pluralismo de instâncias, contrastado que é com a cena pós-moderna plúrima e descentralizada".

Sobre essa perspectiva do movimento da desjudicialização, ressalta-se que se trata de uma situação em que as pessoas envolvidas em conflitos deixam de procurar a prestação jurisdicional para resolver suas demandas em outros espaços. Outrossim, passam a buscar a prestação de serviços de tratamento dos conflitos por outras pessoas e/ou instituições de forma extrajudicial e a partir de diversos arranjos dos mecanismos de solução de conflitos. O resultado dessa nova realidade é compreendido por Levy (2013, não paginado) como a existência de "equivalentes funcionais" sob um sentido amplo, tendo em vista que atingem o mesmo objetivo do Poder Judiciário: a resolução e/ou pacificação de conflitos. Em consonância, Cavaco (2017, p. 135) expõe que "a jurisdição estatal deve ser vista como um dos instrumentos entre os vários existentes com a mesma finalidade".

Verifica-se que há a compreensão de que o fenômeno da desjudicialização possui três facetas: uma caracterizada "pela busca de instâncias institucionalizadas para o processamento e distribuição do direito", outra como um "movimento de retirada de atribuições não jurisdicionais do judiciário para o campo da extrajudicialidade", e a última "como a incidência da desjudicialização sob a forma de técnicas extrajudiciais de tutela coletiva" (CAVACO, 2017, p. 165).

Demonstra-se que se configura em práticas que colocam em cena outras pessoas, instituições, procedimentos e mecanismos que atenderão ao objetivo final da jurisdição estatal: resolver e/ou pacificar os conflitos. Ademais, deixa de lado a exclusividade Estatal de tratar as demandas e estabelecer a ordem e a justiça, uma vez que quando o conflito é solucionado de forma efetiva, seja no ambiente judicial ou no extrajudicial, há o encontro com a justiça e a ordem entre os envolvidos.

Outrossim, nessa perspectiva, verifica-se o compartilhamento da incumbência do tratamento dos conflitos, que se materializou através da teoria do Fórum de Múltiplas Portas, criada pelo Professor Frank Sander. Através dessa teoria deu-se espaço para a possibilidade de que outras pessoas distintas do Estado (Poder Judiciário) possam tratar os conflitos, o que implica a utilização de novos métodos de resolução de conflitos, ou seja, distintos do método processual (judicial), em novos ambientes. A esse respeito, Cavaco (2017, p. 137) assevera que "o compartilhamento da jurisdição encontra em Sander induvidoso pioneirismo".

Compartilhar a incumbência de tratar os conflitos significa ampliar as oportunidades resolutivas e pacificadoras, significa tornar efetiva a liberdade procedimental dos indivíduos para que esses escolham, de modo livre, autônomo e consciente, a forma como gostariam de resolver suas adversidades, assim como a disponibilização de uma diversidade de mecanismos de solução de conflitos que atuariam de forma customizada, atendendo às peculiaridades de cada situação e área do conflito. Nesse sentido, faz-se referência à negociação, conciliação, mediação, arbitragem, processo administrativo, processo judicial, bem como à possibilidade de escolher o método a ser utilizado. O processo de escolha pode ser feito: através de cláusulas contratuais (cláusulas compromissórias e cláusulas escalonadas de métodos), prevendo uma situação futura, isto é, não há ainda a existência do conflito, mas os contratantes preveem contratualmente qual o mecanismo a ser utilizado na resolução e pacificação de um conflito; e através do compromisso, caso o conflito surja em um momento futuro da formação do contrato, diante de uma situação em que não esteja estipulada, no corpo do contrato, a forma de resolução e pacificação dos impasses, vindo a ser definida quando o conflito passa a existir.

Evidencia-se que o cenário contemporâneo demonstra a realidade da desjudicialização e que todos esses mecanismos já são utilizados, mesmo que de forma discreta. Há uma pequena parcela de demandas que não são levadas ao Poder Judiciário; estas são tratadas extrajudicialmente, por escolha dos envolvidos, em uma situação de conflito já existente ou por uma situação prevista, em que o conflito ainda não existe.

Considerando o objeto de estudo do presente trabalho, enfatiza-se que as cláusulas escalonadas de mediação e arbitragem, como já visto anteriormente, são mecanismos que definem previamente, no contrato, o tratamento dos conflitos que, porventura, possam surgir no curso contratual, a partir da combinação dos métodos de resolução de conflitos, como a mediação e a arbitragem, que serão alternados entre si, em busca da resolução da demanda.

Essas cláusulas são vistas como propulsoras do acesso à justiça e se fundamentam a partir da possibilidade do tratamento dos conflitos nas relações contratuais, em que se privilegia a diversidade na oferta de métodos, o dinamismo e a alternância na utilização desses métodos para o tratamento dos conflitos contratuais.

Assevera-se, com isso, que, com base na autonomia privada, as pessoas envolvidas na contenda exercem o seu poder de decisão tanto para que elas mesmas possam manifestar suas vontades sobre como desejam resolver as questões controversas, quanto para implementá-las sem imposição ou formatação judicial.

CAPÍTULO 5

ANÁLISE INTERPRETATIVA DA PESQUISA

A presente pesquisa jurídica busca o conhecimento teórico e prático do cenário das cláusulas escalonadas de mediação e arbitragem como estratégia para definir previamente, ainda na formação do contrato, o tratamento de possíveis conflitos que possam surgir no curso contratual, através do uso sequencial dos mecanismos de mediação e de arbitragem, bem como de identificar de que modo a adoção dessa prática reflete no fenômeno da desjudicialização das demandas contratuais de longa duração.

A referida pesquisa é caracterizada pelo seu perfil multidisciplinar, tendo em vista buscar em outras áreas de conhecimento a contribuição para a sua consolidação científica, bem como se utilizar da experiência do ambiente prático em que as cláusulas escalonadas de mediação e arbitragem estão inseridas direta e indiretamente.

Os campos de estudo compreendem: o ambiente judicial, através do 1º Centro Judiciário de Solução de Conflitos do Fórum Desembargador Sarney Costa e do Centro de Conciliação e Mediação de Família (ambiente em que foi verificada a forma de aplicação da mediação), assim como através de informações do Sistema de Dados – Processo Judicial Eletrônico e do ambiente virtual para busca de informações junto ao Núcleo Permanente de Métodos Consensuais de Solução de Conflitos e da Escola da Magistratura do Estado do Maranhão. No ambiente extrajudicial, a pesquisa buscou informações junto às Câmaras de mediação e arbitragem localizadas na cidade de São Luís.

A forma como a pesquisa prática foi desenvolvida (em unidades judiciárias distintas) deu-se em razão da dificuldade encontrada para se ter as informações necessárias apenas no 1º Centro Judiciário de Solução de Conflitos, tendo que se utilizar das estruturas e experiências do Centro de Conciliação e Mediação de Família, como forma de verificar o desenvolvimento do mecanismo da mediação no cenário judicial, uma vez que a intenção era conhecer o desenvolvimento da mediação com demandas de natureza contratual, mas, em razão desse mecanismo não ser aplicado nas demandas contratuais, encontrou-se a possibilidade de observar a aplicabilidade da mediação no Centro de Família.

Outrossim, verifica-se ainda a necessidade de constantes adequações devido aos reflexos das medidas restritivas estabelecidas em consequência da pandemia provocada pela Covid-19 (Acompanhamento das audiências por meio do Sistema de Videoconferência, impossibilidade de aplicar questionários com as partes e advogados após o procedimento virtual). Um desafio constante; no entanto, uma experiência singular.

5.1 Método de abordagem

A definição de um método de abordagem consiste em definir o modo de conhecer, sob um aspecto mais abstrato e aprofundado das ideias que orientam a pesquisa. Furtado e Duarte (2014, p. 15) acrescentam que "Os métodos de abordagem, mais abstratos do que os métodos de procedimento, compreendem o processo mental que orienta a pesquisa e que se expressa na maneira de argumentar, de apresentar as ideias".

A presente pesquisa teve como método de abordagem o raciocínio indutivo, por considerar que este estudo se configura de modo mais apropriado com a lógica desse método, pois parte da observação de fatos particulares para o mais geral, que serão relacionados entre si, para que conclusões gerais sejam alcançadas diante do cenário pesquisado (1º Centro Judiciário de Solução de Conflitos do Fórum Desembargador Sarney Costa e do Centro de Conciliação e Mediação de Família – ambiente em que foi verificada a forma de aplicação da mediação), assim como através de informações do Sistema de Dados – Processo Judicial Eletrônico e do ambiente virtual para busca de informações junto ao Núcleo Permanente de Métodos Consensuais de Solução de Conflitos e da Escola da Magistratura do Estado do Maranhão. No ambiente extrajudicial, a pesquisa buscou informações junto às Câmaras de mediação e arbitragem localizadas na cidade de São Luís.

Gustin e Dias (2015, p. 40) enfatizam que método indutivo "É o caminho do particular para o geral", configurando "(...) três as fases do processo indutivo de conhecimento: a observação dos fatos ou fenômenos, a procura da relação entre eles e o processo de generalização".

Em conformidade, procedeu-se à observação dos fatos particulares a partir da análise da aplicação das cláusulas escalonadas de mediação e arbitragem como mecanismos de solução de conflitos surgidos no curso de um contrato, relacionando o resultado da primeira análise com o número de demandas contratuais judicializadas para então compreender, de modo mais amplo, o processo de desjudicialização dessas demandas.

Mezzaroba e Monteiro (2009, p. 62) asseveram que "(...) da observação de um ou de alguns fenômenos particulares, uma proposição mais geral é estabelecida para, por sua vez, ser aplicada a outros fenômenos. É, portanto, um procedimento generalizador".

Dessa forma, compreende-se que o Método Indutivo foi determinante para atender aos objetivos da pesquisa, uma vez que envolve as observações dos fatos, tendo maior aprofundamento teórico-interpretativo dos fenômenos, para se encontrar as proposições mais gerais. O raciocínio a partir do método foi o que melhor se adequou a essa investigação científica, pois, conforme Fonseca (2009, p. 47), "o método é um meio, mas um meio indispensável quando se quer construir conhecimento científico", isto é, o conhecimento científico se constitui com a utilização de um método, devendo ser o mais adequado para os resultados pretendidos.

5.2 Método de procedimento

De caráter mais concreto e menos abstrato que o método de abordagem, os métodos de procedimento se configuram como o delineamento mais técnico e preciso para a investigação científica. Desse modo, Lakatos e Marconi (2003, p. 106) evidenciam que "os métodos de procedimento seriam etapas mais concretas da investigação, com finalidade mais restrita em termos de explicação geral dos fenômenos e menos abstratas".

Ademais, os métodos de procedimento podem ser utilizados de forma combinada em uma mesma pesquisa, a fim de que se tenha o melhor resultado sobre o conhecimento que se deseja adquirir. Lakatos e Marconi (2003, p. 106) destacam que "pressupõem uma atitude concreta em relação ao fenômeno e estão limitados a um domínio particular".

Para a presente pesquisa utilizou-se da combinação dos métodos de procedimento, escolhendo aqueles que melhor contribuiriam para o presente estudo. Então, o método de investigação jurídico-exploratório[13] foi adotado a partir da perspectiva de que dispõe de um formato que permite o diagnóstico do problema jurídico. O método visa verificar o processo de desjudicialização das demandas contratuais, a partir das cláusulas escalonadas de mediação e arbitragem, considerando a autonomia dos conflitantes para buscarem novas estratégias de resolução e pacificação dos seus conflitos, considerando também o conceito atual do acesso à justiça na perspectiva da ordem jurídica justa e do compartilhamento da incumbência de tratar os conflitos.

Concomitantemente, o método histórico foi utilizado, tendo em vista a necessidade de uma abordagem histórica para conhecer a trajetória e a evolução do Acesso à Justiça, dos métodos de resolução dos conflitos, bem como da evolução do Direito dos Contratos.

Outrossim, o método estatístico foi utilizado para a obtenção de informações estatísticas das demandas atendidas pelas Câmaras Privadas de mediação e arbitragem ora pesquisadas, relativas às cláusulas escalonadas de mediação e arbitragem, e para verificar, a partir da perspectiva quantitativa, as demandas contratuais de longa duração judicializadas nas Varas Cíveis do Fórum Desembargador Sarney Costa, em São Luís/MA, nos anos de 2018 e 2020, se houve aumento ou redução do ingresso dessas demandas no período em destaque. Outrossim, utilizou-se do método estatístico para conhecer o processo de transformação conceptual positiva do conflito, a partir de medidas pedagógicas implementadas pelo Poder Judiciário. A respeito, levou-se em consideração informações estatísticas sobre a forma como pensam os formandos do Curso de Formação de Mediadores e Conciliadores Judiciais quando escutam a palavra conflito e do contato dessas pessoas com a diversidade de oferta de mecanismos inovadores para a solução de conflitos.

Após as análises, os resultados foram contrastados para a verificação sobre a influência da aplicabilidade das cláusulas escalonadas de mediação e arbitragem no processo de desjudicialização das demandas contratuais. Por fim, fez-se uma análise teórico-interpretativa dos fatos

---

[13] Sobre o método investigativo jurídico-exploratório, Gustin e Dias (2015, p. 28) evidenciam que "é uma abordagem preliminar de um problema jurídico. Esse tipo ressalta características, percepções e descrições, sem se preocupar com suas raízes explicativas".

ou fenômenos, que assumiu um caráter ilustrativo, para subsidiar a pesquisa.

5.3 Técnica de pesquisa

A realização da pesquisa deu-se sob o delineamento da pesquisa bibliográfica, documental e empírica. Fonseca (2009, p. 51) expõe que "a busca em fontes bibliográficas tem por objeto a coleta de informações em livros, revistas e publicações similares, incluídas hoje as publicações *on-line*". Nesse contexto, como recurso bibliográfico ou como fundamentação teórica utilizou-se a literatura científica a partir de livros, revistas científicas, artigos científicos, dentre outros que se encaixavam na categoria bibliográfica e abordavam a temática do estudo.

Como fontes de pesquisa documental utilizou-se documentos produzidos pelos campos de pesquisa, bem como as legislações pertinentes ao objeto da pesquisa e aqueles que assumem essa natureza, tendo em vista o seu valor documental, pois, conforme Fonseca (2009, p. 53), "entende-se por documento, qualquer tipo de objeto, incluídos cartas, diários, atas, manuscritos, textos impressos, filmes que comprovam, esclarecem, registram fatos acontecidos no passado, remoto ou recente".

A pesquisa empírica visou obter informações complementares que subsidiaram a pesquisa, pois, considera Fonseca (2009, p. 53), "a fonte empírica é integrada por dados reais e concretos, coletados no dia a dia das relações humanas e sociais". Ademais, como fonte empírica, observou-se que esta assumiu um caráter ilustrativo, tendo em vista a realização de observações nos campos de pesquisa que integram o presente estudo, sendo eles: Câmaras Privadas de mediação e arbitragem, 1º Centro Judiciário de Solução de Conflitos do Fórum Desembargador Sarney Costa, Centro de Conciliação e Mediação de Família do Fórum Desembargador Sarney Costa, em São Luís/MA, o ambiente virtual para busca de informações junto ao Núcleo Permanente de Métodos Consensuais de Solução de Conflitos e Escola da Magistratura do Estado do Maranhão e o Sistema de Dados – Processo Judicial Eletrônico.

No âmbito extrajudicial procedeu-se à coleta de dados relativos ao número de demandas resolvidas nas Câmaras de mediação e arbitragem na cidade de São Luís/MA (Anexo A) e a verificação, de modo ilustrativo, dos aspectos que compreendem a utilização ou não das cláusulas escalonadas de mediação e arbitragem. Para tanto, aplicou-se questionários (Apêndices A e B) e entrevistas com os operadores/intérpretes do Direito (mediadores, árbitros e sócios/proprietários) diretamente ligados aos métodos e instituições investigadas.

Os questionários foram aplicados na modalidade presencial, diretamente nos campos de pesquisa, e virtualmente, por meio da utilização do *WhatsApp*, de recursos tecnológicos de videoconferência e ligação direta pelo telefone, como estratégias de aquisição de informações que complementaram a pesquisa.

Desse modo, a característica preponderante dessa investigação científica referiu-se à perspectiva de investigação jurídico-exploratória, pois objetiva interpretar os dados obtidos para diagnosticar se há o processo de desjudicialização das demandas contratuais a partir da utilização das cláusulas escalonadas de mediação e arbitragem. Em relação à análise advinda da fonte empírica, tratou-se, para este estudo científico, como uma formatação ilustrativa.

5.4 Hipótese e estratégia de pesquisa

Para a construção da hipótese da presente pesquisa, partiu-se da compreensão de que as cláusulas escalonadas de mediação e arbitragem são mecanismos que definem previamente, no contrato, o tratamento dos conflitos que porventura possam surgir no curso contratual a partir da combinação dos métodos de resolução de conflitos como a Mediação e a Arbitragem, que serão alternados entre si em busca da resolução da demanda.

A estratégia da pesquisa objetivou conhecer estatisticamente o número de demandas atendidas pelas Câmaras Privadas de mediação e arbitragem relativas às cláusulas escalonadas de mediação e arbitragem, assim como verificar a quantidade de demandas contratuais de longa duração, definidas como contratos entre empresas, de execução permanente e duradoura, judicializadas nas Varas Cíveis do Fórum Desembargador Sarney Costa, em São Luís/MA, entre os anos de 2018 e 2020, com o fim de saber se houve aumento ou redução do ingresso dessas demandas no período em destaque.

Ademais, objetivou, ainda, conhecer sobre o processo de transformação conceptual do conflito, uma vez que esse processo reflete no desenvolvimento e utilização de novos mecanismos de resolução e pacificação dos conflitos. A finalidade era compreender os aspectos temporal e cognitivo, para saber quanto tempo leva e como se efetiva a mudança de mentalidade das pessoas diante da concepção positiva do conflito, considerando as medidas pedagógicas implementadas pelo Poder Judiciário e tendo como base as informações estatísticas sobre a forma como pensam os formandos do Curso de Formação de Mediadores e Conciliadores Judiciais quando escutam a palavra conflito, e do contato dessas pessoas com a diversidade de oferta de mecanismos inovadores para a solução dos conflitos.

Outrossim, levou-se em consideração que há uma inter-relação entre as concepções do conflito e as formas de tratamento deste, o que impacta na identificação da concepção ou das concepções do Poder Judiciário, bem como dos seus operadores/intérpretes em relação aos conflitos.

5.5 Análise dos dados e resultados

A pesquisa deu-se através do conhecimento teórico-prático, o que configurou uma pesquisa interdisciplinar e multifacetada, tendo em vista o contato com espaços diversos, diferentes áreas de conhecimento, tais como direito, linguística, etimologia, teoria do conflito e sociologia, o que ampliou o conhecimento sobre as cláusulas escalonadas de mediação e arbitragem como estratégias de resolução e pacificação dos conflitos contratuais de longa duração, assim como a possibilidade de compreender se a prática e a utilização dessas cláusulas refletem na desjudicialização das demandas.

Com as necessidades contemporâneas, as demandas contratuais de longa duração requerem um ambiente customizado para o tratamento dos seus impasses para uma resolução que garanta o menor custo-benefício possível, considerando um tempo razoável, um ambiente que possa de fato tratar todos os componentes do conflito e ter como resultado decisões efetivas que estejam alinhadas com a realidade contratual. Encontrar esse ambiente é uma necessidade, tendo em vista que as demandas contratuais possuem uma inter-relação com vários segmentos da sociedade, o que implica mudanças que podem ser favoráveis, mas podem ser prejudiciais para a vida social e econômica.

Assim, buscou-se realizar a pesquisa de forma imparcial, mantendo-se um distanciamento, visando obter uma visão particular e, ao mesmo tempo, holística do objeto pesquisado, o que ensejou uma interpretação dos dados de forma fiel a realidade.

5.5.1 Poder Judiciário

A pesquisa empreendida no contexto do Poder Judiciário do Maranhão realizou-se no Fórum Desembargador Sarney Costa, mais precisamente no 1º Centro Judiciário de Solução de Conflitos e Cidadania e no Centro de Conciliação e Mediação de Família. No entanto, outros espaços foram campo de pesquisa, como o ambiente virtual do Núcleo Permanente de Métodos Consensuais de Solução de Conflitos e a Escola da Magistratura.

Seguem, adiante, os dados e resultados relativos à pesquisa realizada nesses ambientes.

5.5.1.1 Escola da Magistratura do Estado do Maranhão: concepção do conflito

Durante o desenvolvimento da pesquisa, percebeu-se a resistência das partes processuais e dos solicitantes dos pedidos de mediação pré-processuais ao tratamento do conflito pautado no diálogo, na colaboração, na empatia e em estabelecer compromissos a partir das necessidades apresentadas, considerando o comportamento delas durante a sessão de mediação e/ou audiência de conciliação. Essas pessoas se mostravam vinculadas à concepção negativa do conflito, pois atribuíam culpa, julgavam as atitudes do outro, demonstravam o interesse de que houvesse uma decisão que pudesse aplicar uma sanção pelos descumprimentos dos combinados entre elas.

Essa percepção ensejou a busca pela compreensão da dificuldade das pessoas em abandonar posturas e comportamentos ligados à concepção negativa do conflito. Compreendeu-se, ainda, que muitas pessoas agiam dessa forma por ser seu primeiro contato com mecanismos de solução de conflitos que estimulavam posturas prospectivas e criativas para a busca da solução. Apenas esse contato não seria suficiente para mudar sua forma de ver o conflito.

Em consonância com o exposto, e na intenção de verificar qual o conceito sobre a palavra conflito na atualidade, uma pesquisa foi realizada com três turmas do Curso de Formação de Mediadores e Conciliadores Judiciais do Tribunal de Justiça do Maranhão, através do ambiente virtual da Escola da Magistratura. O equivalente a 48 formandos responderam sobre o que lhes vinha à mente (imagem acústica) quando ouviam a palavra conflito. Buscou-se a compreensão dessa categoria devido ao conhecimento mais aprofundado sobre a moderna teoria do conflito, configurando o contexto contemporâneo sobre a necessidade da oferta de métodos e dos princípios essenciais dos meios autocompositivos e heterocompositivos.

Os resultados mostraram que cerca de 85% dos formandos responderam com palavras negativas (briga, choro, sofrimento, raiva etc.); apenas o percentual de 15% afirmou compreender o conflito como positivo e utilizou palavras positivas (amadurecimento, crescimento, empatia, oportunidade, colaboração etc.). Com esses resultados, verificou-se a predominância da configuração (compreensão) do conflito como negativo.

No percentual de 85% das respostas relacionadas à percepção cognitiva do conflito como negativo, os alunos descreveram o conflito com palavras negativas associadas a situações de sofrimento, desvantagem e violência, o que permitiu a construção da metáfora CONFLITO É RUIM, tratada no Capítulo 2 da presente pesquisa.

Ademais, 15% das respostas se referiram ao conflito em uma percepção positiva, haja vista a descrição dos formandos em relação ao conflito com palavras positivas, relacionadas a situações de ações conjuntas, colaborativas e de desenvolvimento pessoal e grupal.

De forma prática, verifica-se que há a metáfora conceptual de que CONFLITO É RUIM ou de que CONFLITO É BOM. A construção de cada uma dessas concepções está relacionada ao ambiente social e cultural, assim como com os sistemas político e jurídico, conforme seus interesses, ou ainda de forma natural mediante o desenvolvimento da sociedade.

Com base no que se observou sobre a postura dos formandos, pode-se compreender como sendo o resultado das suas experiências ou do que lhes foi passado sobre o conflito ao longo de suas vidas, o que ensejou a identificação de uma concepção positiva e uma concepção negativa do conflito, a depender do contexto de cada um.

Ademais, compreende-se que a concepção positiva foi apresentada por aqueles que conseguiram assimilar o conflito como um evento natural diante das "diferenças existentes entre duas ou mais pessoas ou grupos", que pode ser tratado com "respeito às diferenças, pode ser uma fonte de ideias novas, de discussões abertas, permitindo e facilitando a expressão e exploração de diferentes pontos de vista, interesses e valores" (DUZERT; SPINOLA, 2018, p. 22).

A concepção negativa foi identificada através dos alunos que utilizaram palavras negativas ao se referirem ao conflito, ou seja, levaram "o conflito ao extremo", produzindo "ganhadores e perdedores", criando um cenário constituído por raiva, vingança, injustiça e violência (DUZERT; SPINOLA, 2018, p. 22).

O que mais chamou a atenção é que esses formandos tinham um conhecimento diferenciado do conflito, mais aprofundado, sistematizado, contemplando, inclusive, o estudo sobre a concepção positiva do conflito. No entanto, mesmo diante desse saber, 85% não conseguem visualizar o conflito de forma positiva, pois ainda estão vinculados à concepção negativa do conflito, evidenciando que a mudança de mentalidade exige critérios além do conhecimento sobre a possibilidade positiva do conflito, mas de algo maior, como a necessidade da construção conceptual positiva, o que demanda tempo e um cenário propício.

5.5.1.2 Fórum Desembargador Sarney Costa

O Fórum Desembargador Sarney Costa foi inaugurado em 4 de setembro de 1988 e é sede da Comarca de São Luís, uma das mais antigas do Brasil, instalada no ano de 1619, tendo sido redefinida pela Carta Lei nº 7, de 29 de abril de 1835. O fórum pertence à Entrância Final e ao Polo de São Luís, atendendo o jurisdicionado do Termo Judiciário de São Luís/MA.

Para o atendimento das demandas de Contratos de Longa Duração, possui 16 varas cíveis, todas localizadas no sexto andar, e o 1º Centro Judiciário de Solução de Conflitos, localizado no térreo.

As varas cíveis são unidades judiciárias que têm um magistrado ou magistrada responsável pelo julgamento das demandas. Nessas unidades, utiliza-se o método processual. Atende com rigor às normativas do Código de Processo Civil e de leis específicas que tratam sobre procedimentos específicos. Toda demanda deve ser judicializada, para que seja tratada nas varas, e a decisão judicial é baseada nos fatos, nas provas e no direito.

As varas cíveis seriam a fonte de dados sobre os processos judicializados das demandas dos contratos de longa duração; no entanto, o Sistema de Dados não conseguiu informações a respeito desses processos, porque não reconheceu nenhum campo ou atributo relativo a essa demanda, para localizá-la no sistema.

O 1º Centro Judiciário de Solução de Conflitos de São Luís será tratado em um subtópico devido às informações colhidas nessa unidade judiciária.

O Centro de Conciliação e Mediação de Família é uma unidade judiciária instalada através da Portaria Conjunta nº 17/2016, em 31 de outubro de 2016. Localizado no quarto andar do Fórum Desembargador Sarney Costa, foi campo de estudo da presente pesquisa para ampliar os conhecimentos a respeito da funcionalidade e metodologia do mecanismo da mediação no Poder Judiciário, tendo em vista que no 1º Centro Judiciário de Solução de Conflitos de São Luís apenas a conciliação é o mecanismo utilizado.

Essa unidade, semelhante ao 1º Centro Judiciário de Solução de Conflitos de São Luís, possui um juiz coordenador, um juiz coordenador substituto e quatro mediadores e conciliadores judiciais com idades entre 35 a 45 anos. Todos com a formação básica e obrigatória de mediador/conciliador judicial. Nesse ambiente foi observado o cotidiano do centro e o fazer dos mediadores e conciliadores judiciais.

1º Centro Judiciário de Solução de Conflitos e Cidadania

O 1º Centro Judiciário de Solução de Conflitos é uma unidade judiciária criada pela Lei nº 9.893, de 23 de agosto 2013; possui um juiz coordenador e um juiz coordenador substituto, além de cinco mediadores conciliadores judiciais com formação no Curso de Mediadores e Conciliadores Judiciais e com idades entre 35 e 60 anos.

As demandas existentes nessa unidade possuem duas naturezas: pré-processual e processual. As demandas de natureza pré-processual são aquelas que ainda não foram "judicializadas", não têm o processo judicial instalado. As demandas processuais são aquelas que já foram judicializadas e são oriundas de uma das varas cíveis; estas encaminham as demandas ao 1º Centro Judiciário de Solução de Conflitos, para o cumprimento da fase conciliatória do processo, ou devido à suspensão do processo a pedido das partes ou por indicação do magistrado ou magistrada para a tentativa de resolução e pacificação pela mediação e/ou conciliação.

Ademais, nessa unidade, os mecanismos de solução de conflitos são autocompositivos, tais como a mediação e a conciliação. Em ambos os mecanismos as decisões são acordadas entre as partes, que têm o poder de decidir fundamentadas nos princípios da autonomia da vontade, da confidencialidade e da decisão informada.

Em pesquisa realizada com os mediadores e conciliadores judiciais sobre as demandas de contratos de longa duração,[14] através de

---

[14] Definiu-se para os mediadores e conciliadores judiciais que as demandas contratuais de longa duração interessadas referiam-se aos contratos entre pessoas jurídicas, que possuíam uma execução duradoura, considerando o tempo de duração de um, dois, três, cinco, dez anos. Como forma de melhor identificação da demanda, exemplificou-se com a relação contratual entre uma construtora contratada por outra empresa para a construção ou

questionário do Google Forms (Apêndices A e B), obteve-se os seguintes dados relativos aos questionamentos: 1) Você já realizou sessão de mediação ou audiência de conciliação sobre relação contratual de longa duração? O percentual de 100% afirmou já ter realizado. Perguntados: 2) Sendo a resposta anterior positiva, em média, quantas você já realizou por mês? Cinquenta por cento responderam "entre uma e três", 25% responderam "entre quatro e seis" e 25% responderam "mais de dez". Na terceira pergunta, que complementa as duas anteriores, foi perguntado: 3) Sendo a primeira resposta positiva, o mecanismo utilizado foi mediação ou conciliação? 100% responderam que foi a conciliação. Quando perguntado: 4) O resultado do procedimento é, na maioria das vezes, com acordo ou sem acordo? O percentual de 75% confirmou que foi sem acordo, e 25% que obtiveram o resultado com acordo.

5.5.1.3 Dados do Sistema de Informação: Processo Judicial Eletrônico (PJE)

Em relação às informações sobre o número de entrada de processos relativos à classe e assunto que compreendem os contratos de longa duração, mostrou-se inviável, tendo em vista que a identificação de dados requer parâmetros estabelecidos pelas Tabelas Processuais Unificadas, conforme a Resolução nº 46, de 18/12/2007, do Conselho Nacional de Justiça, e não se localizou na base de dados esse tipo de processo ou qual a informação seria comum aos processos de longa duração, ou seja, não foram encontradas, em nenhum campo ou atributo, informações sobre esse tipo de demanda (BRASIL, 2007).

As informações obtidas foram gerais, o que compreende todos os processos relativos aos contratos sem especificidade. Dentre os números adquiridos, verifica-se um aumento no recebimento das demandas contratuais, sendo que em 2018 foram obtidos 17.907 (dezessete mil, novecentos e sete) processos. No ano de 2019, esse número aumentou para 18.175 (dezoito mil, cento e setenta e cinco), isto é, aumento de cerca de 1,5% em relação ao ano anterior. No ano de 2020, o ingresso de processos contratuais se mostrou mais elevado, chegando ao número de 19.664 (dezenove mil, seiscentos e sessenta e quatro), o que representa um aumento de cerca de 8,15%, considerando o ano de 2019.

---

reforma de um empreendimento, e empresas que são fornecedoras de outras empresas e que celebram contrato por dois, três, cinco ou dez anos, conforme consta no Apêndice B.

5.5.2 Câmaras de mediação e arbitragem

As Câmaras de mediação e arbitragem representam o ambiente extrajudicial e realizam seus procedimentos utilizando os mecanismos da mediação e arbitragem. Esses mecanismos possuem naturezas distintas, uma vez que o primeiro refere-se ao meio autocompositivo, por meio do qual a resolução e a pacificação do conflito são decididas pelos envolvidos a partir de um consenso entre eles. O segundo mecanismo, a arbitragem, pertence ao meio heterocompositivo, em que as partes concordam que um terceiro decida sobre a resolução do conflito.

Em São Luís, constatou-se a existência das seguintes Câmaras de mediação e arbitragem: Câmara de mediação e arbitragem Empresarial do Maranhão (CBMAE-MA); Câmara de Conciliação, mediação e arbitragem Empresarial e Portuária do Maranhão (ARBEMPORTO), que atualmente alterou o seu nome para Imediato Conciliações; Medialogue e 4ª Câmara de mediação e arbitragem da 12ª Região do Tribunal de Justiça Arbitral e Mediação do Mercosul. Com exceção da Medialogue e da 4ª Câmara de mediação e arbitragem da 12ª Região do Tribunal de Justiça Arbitral e Mediação do Mercosul, todas as outras são credenciadas junto ao Poder Judiciário para atender demandas judicializadas. Ademais, cita-se a oferta de serviços de mediação extrajudicial pela MEDIAR +, que, conforme as informações da prestadora de serviços, não se trata de uma câmara de mediação, mas de um escritório que realiza essa atividade quando lhe é solicitado.

O atendimento das demandas processuais pelas câmaras de mediação e arbitragem tem uma margem de percentual a ser verificada, a fim de que sejam cobrados os honorários para os conflitantes. As demandas processuais devem ser recebidas sem a cobrança de honorários até o percentual de 20% do total da produtividade das câmaras; ultrapassando esse percentual, as câmaras podem fazer a cobrança da sua prestação de serviço, conforme Resolução GP 11, de 23 de fevereiro de 2017, e a Resolução GP 11, de 4 de abril de 2019, ambas do TJMA (MARANHÃO, 2017; 2019).

Foram entrevistados, através de questionário do Google Forms, sócios/proprietários, mediadores e árbitros, que responderam a 14 questões que envolviam as cláusulas escalonadas de mediação e arbitragem. A primeira pergunta consistiu em saber: Qual o índice mensal de entrada das demandas de mediação? O percentual de 50% respondeu serem três as entradas de procedimento de mediação extrajudicial por mês, 25% responderam que entram mensalmente dez pedidos de mediação extrajudicial, 25% responderam serem mais de 20 pedidos de mediação mensalmente. Ao perguntar, na segunda questão, sobre quantas mediações foram realizadas no período de 2018 a 2020, 100% por cento responderam que foram mais de 20 mediações realizadas. Foi perguntado: Qual o índice mensal de entrada das demandas de arbitragem? Setenta e cinco por cento responderam não haver solicitação desse procedimento, e 25% responderam que têm um índice mensal de dez pedidos de arbitragem.

Sobre a questão quatro, "Quantos procedimentos de arbitragem foram realizados no período de 2018 a 2020?", 75% responderam que não realizaram, e 25% responderam que realizaram mais de 20 procedimentos de arbitragem no período de 2018 a 2020. Em relação à questão cinco, questionou-se: "As demandas tratadas pelo mecanismo da mediação versavam sobre relações contratuais de longa duração?".[15] Setenta e cinco responderam que sim, e 25% responderam que não. A sexta pergunta questionou: "As demandas tratadas pelo mecanismo da arbitragem versavam sobre relações contratuais de longa duração?". Em relação a essa mesma pergunta, verificou-se que 75% disseram que não, e 25% disseram que sim.

A sétima questão questionou: "Quais as demandas que possuem o maior índice de tratamento pela mediação?". Verifica-se que a demanda de família ficou com o primeiro lugar, obtendo o percentual de 75%, enquanto os outros 25% ficaram distribuídos entre as demandas: trabalhista, consumidor, contratos e empresarial. A oitava questão consistiu em saber: "Quais as demandas possuem o maior índice de tratamento pela arbitragem?". Situação em que 25% responderam que tratam das demandas contratuais, e 75% responderam que não trabalhavam com a arbitragem.

Ao perguntar, na nona questão, se houve alguma demanda oriunda de cláusula escalonada de mediação e arbitragem, 75% por cento

---

[15] Definiu-se para os mediadores e conciliadores extrajudiciais, bem como para os árbitros e sócios/proprietários, através de conversa prévia à realização do questionário, por meio do aplicativo *WhatsApp*, que as demandas contratuais de longa duração interessadas referiam-se aos contratos entre pessoas jurídicas, que possuíam uma execução duradoura, considerando o tempo de duração de um, dois, três, cinco, dez anos. Como forma de melhor identificação da demanda, exemplificou-se com a relação contratual entre uma construtora contratada por outra empresa para a construção ou reforma de um empreendimento, e empresas que são fornecedoras de outras empresas e que celebram contrato por dois, três, cinco ou dez anos.

responderam que sim, e 25% responderam que não. A décima questão indaga: "Se a resposta anterior for sim, diga se a demanda era relativa à relação contratual de longa duração". Assim, 100% responderam que sim. As questões 11, 12, 13 e 14 versavam sobre o encaminhamento de processos judiciais pelos juízes, para a realização de mediação e arbitragem; 100% responderam não haver o encaminhamento pelos juízes.

Ademais, através de contato por chamada e/ou mensagem via *WhatsApp*, realizou-se conversa com alguns entrevistados, que expuseram que os resultados das demandas oriundas das cláusulas escalonadas de mediação são positivos; os contratantes sempre se entendem, evitando a judicialização. Outrossim, informaram que, dentre as empresas que realizam contrato de longa duração, algumas aderem às cláusulas escalonadas, e geralmente o contrato se finda sem a necessidade da utilização da cláusula.

5.5.3 Interpretação dos resultados

Com os resultados encontrados, verifica-se contextos diferentes (âmbito judicial e âmbito extrajudicial) que buscam atender às mesmas finalidades, quais sejam: resolver e pacificar conflitos. No entanto, esses ambientes dispõem de realidades e interesses distintos. A somatória dos esforços e das atividades desenvolvidas por cada um resulta em um contexto maior, que se resume nos meios adequados de solução de conflitos utilizados judicial e extrajudicialmente.

5.5.3.1 Ambiente judicial

Há um trabalho árduo a ser realizado para que a culturalização da resolução e da pacificação do conflito se faça por meio do diálogo, da colaboração, da empatia e da responsabilidade mútua, pois muito depende da construção de um sistema conceptual que insira no cotidiano das pessoas a concepção positiva do conflito. É clara a dificuldade do pensamento prospectivo de focar na solução e pensar em como será daqui para frente. Os conflitantes limitam-se às cobranças, a rememorar situações desagradáveis que causam sofrimento e, como consequência, julgam-se como vítima e vilão, o que distancia a possibilidade da construção colaborativa, empática e positiva do entendimento.

No período de março a outubro de 2021, de 8h30 às 14h30, através da observação de 493 (quatrocentos e noventa e três) audiências realizadas em sala virtual, pelo Sistema de Videoconferência, e de forma presencial, verificou-se a dinâmica e o funcionamento das sessões de mediação ou das audiências de conciliações no Centro de Conciliação e Mediação de Família, como forma de compreender a metodologia do Poder Judiciário, tendo em vista que no 1º Centro Judiciário de Solução de Conflitos as demandas são tratadas através da conciliação, o que inviabilizou o conhecimento da mediação judicial para o tratamento dos conflitos de natureza contratual.

Durante a observação, percebeu-se que, de modo geral, quando os mediandos e/ou as partes deveriam apresentar suas ideias de solução para as controvérsias e expor seus interesses e necessidades, esbarravam no relato maçante do que se passou e se prendiam em julgar as ações dos outros nos acontecimentos passados, isso porque estavam acostumados a agir dessa forma diante do conflito, ou seja, a julgar o certo e o errado e a atribuir culpa, tangenciando a busca pela solução de forma criativa, colaborativa e empática.

Sobre a diversidade de métodos ofertada pelo Poder Judiciário, verificou-se que, na prática, foram feitas algumas adequações na mediação judicial. A utilização desse mecanismo ainda se mostra tímida, tendo em vista a experiência do Tribunal de Justiça do Maranhão,[16] pois o mecanismo é bem-vindo no ambiente judicial e apresenta resultados satisfatórios quando suas técnicas são aplicadas, mas o Tribunal de Justiça do Maranhão utiliza com maior predominância a conciliação, incluindo algumas situações em que a conciliação recebe adaptações, pois se refere a uma conciliação com técnicas de mediação, em que algumas etapas da mediação são utilizadas (recontextualização, sessão privada [*caucus*], caso seja necessário). Essa prática era utilizada pela minoria dos mediadores/conciliadores judiciais, ou seja, apenas 2 (dois).

Outrossim, apesar das demandas pré-processuais serem nominadas de Pedido de Mediação Pré-Processual, elas são realizadas como conciliação. A primeira conversa, que também pode ser a única, refere-se a uma audiência de conciliação, configurando a escolha do Tribunal de Justiça do Maranhão pelo uso da conciliação, tangenciando o mecanismo da mediação.

---

[16] A partir desse ponto, serão apresentadas informações sobre uma pesquisa realizada no 1º Centro Judiciário de Solução de Conflitos e Cidadania de São Luís e no Centro de Conciliação e Mediação de Família de São Luís/MA, a partir da observação da atividade dos mediadores e conciliadores judiciais, bem como do funcionamento dessas unidades judiciárias.

Verificou-se que no Poder Judiciário há a limitação do tempo, incompatível com a essência da mediação. As demandas pré-processuais e processuais agendadas nos CEJUSCs são marcadas a cada 30 minutos,[17] com exceção das demandas de família, agendadas para cada 60 minutos e acontecem em uma única sessão ou audiência. A incompatibilidade consiste na compreensão de que a mediação é um mecanismo sistematizado, coordenado, com a possibilidade de mais de uma sessão (encontro), quando for necessário e as partes assim concordarem. No Poder Judiciário, há um direcionamento para a resolução acontecer em uma única sessão ou audiência. Havendo divergências, não se trabalha as técnicas que propiciam uma nova compreensão do conflito, como por exemplo: a troca de pápeis e a sessão privada (*caucus*).

Quanto às demandas de relações contratuais, observou-se que a maioria trata de questões de consumo entre pessoa física e empresa. É singela a ocorrência das demandas contratuais de longa duração; quando da existência delas, todas são tratadas através da conciliação, num formato que tangencia a decisão informada, a colaboração entre os conflitantes e o tratamento de conflitos secundários interligados ao conflito principal. Ademais, o procedimento é realizado sem as adaptações das etapas da mediação, e os resultados obtidos são na maioria resultados sem acordo (75% [setenta e cinco por cento]). Configurando, assim, que o Poder Judiciário apresenta dados desfavoráveis para a resolução/pacificação desse tipo de conflito.

A predominância do uso da conciliação em detrimento da mediação se constatou com a informação de que, considerando o período de 2018 a 2020, houve apenas duas tentativas de mediações. Nenhuma versava sobre a relação contratual de longa duração, mas eram demandas de família; uma indicada pela advogada de uma das partes e a outra indicada pela Vara de origem do processo.

Verificou-se que a forma como o Tribunal de Justiça do Maranhão conduz sua política judiciária no que se refere às estipulações das metas para os CEJUSCs demonstra uma profunda inconsistência entre o sistema de dados e informações, PJE, com o objeto "meios autocompositivos: mediação e conciliação", pois para que as demandas da mediação e conciliação fossem processadas pelo PJE não houve um

---

[17] Essas informações sobre o tempo de duração das audiências referem-se aos anos 2020 a 2022. Na atualidade (2023), esse tempo foi reduzido para 20 minutos, com exceção das demandas de família, que com a redução ficou com 30 minutos.

estudo aprofundado[18] para compreender a dinâmica e os escopos desses mecanismos, bem como da própria Política Judiciária de Tratamento dos Conflitos de Interesses. Na verdade, essas demandas e seus índices foram adequados para o Processo Judicial Eletrônico, mas o Processo Judicial Eletrônico não se adequou à realidade e dinâmica desses mecanismos. Por exemplo, a contabilização do acordo só acontece quando o magistrado homologa o acordo. O que poderia ser contabilizado com a realização do acordo feito pelos mediadores/conciliadores (atividade própria destes) é postergado para a fase de homologação do acordo, o que demonstra ser uma situação incompatível, pois o acordo fora realizado, em momento anterior, pelas partes, auxiliadas por um terceiro imparcial.

Outrossim, o sistema dispõe apenas dessa possibilidade de contabilização do acordo. Isso implica, ainda, a desconsideração do trabalho realizado por mediadores/conciliadores, uma vez que houve a elaboração de um procedimento, que foi produzido um documento, este assinado pelas partes/mediandos externando a concordância em realizar o acordo. O acordo se realizou e atendeu às finalidades das unidades e dos mecanismos; a sua homologação é outro critério, posterior à sua realização, nítida evidência da vinculação do *modus operandi* do método processual para com os mecanismos da mediação e conciliação, ou seja, incompatibilidade.

A política de gestão judiciária deve se adequar aos princípios norteadores dos meios autocompositivos, bem como às suas etapas, suas técnicas e seus fins, previstos na Resolução 125/2010 – CNJ, que correspondem à essência desses meios. De outro modo, como acontece na atualidade, os resultados qualitativos se mostraram prejudicados. A adequação da política de gestão judiciária aos princípios norteadores dos meios autocompositivos resultará na compreensão holística e particularizada do funcionamento desses mecanismos autocompositivos, favorecendo a estipulação de metas adequadas, possíveis, realizáveis e justas. Da forma como a gestão judiciária é conduzida, as metas comprometem a essência dos métodos e o resultado da prestação do serviço.

---

[18] Em contato com técnicos que trabalharam na incorporação das demandas dos CEJUSCs no Sistema PJE, estes informaram que apenas atenderam à solicitação de inserir essas demandas para serem computadas pelo sistema PJE e que não tiveram informações sobre a dinâmica e o funcionamento conforme as reais necessidades e dinâmica desse ambiente autocompositivo. Outrossim, havia um técnico que estava fazendo o curso de formação de mediador e conciliador judicial, com o objetivo de conhecer os mecanismos e o funcionamento dos CEJUSCs, na tentativa de sanar algumas inconsistências já apresentadas.

A partir de uma adequação se terá qualidade na oferta da mediação e da conciliação no âmbito judicial, elucidando as críticas a respeito de como esses mecanismos são ofertados no âmbito judicial e mostrando a necessidade de estarem presentes em qualquer espaço, desde que sejam respeitados os seus princípios, suas etapas e suas técnicas, o que corresponde à essência dos mecanismos autocompositivos.

Com vistas à necessidade de uma formação específica dos mediadores e conciliadores, compreende-se ao Curso de Formação de Mediadores e Conciliadores Judiciais, que apresenta duas fases: a fase de Fundamentação Teórica e a do Estágio Supervisionado. Essa formação é realizada, conforme o disposto no anexo I da Resolução nº 125/2010 do Conselho Nacional de Justiça (BRASIL, 2010) e na Resolução ENFAM de nº 3 de 2017, que tratam sobre a formação dos mediadores e conciliadores judiciais no Brasil, assim como de sua formação continuada (BRASIL, 2017).

No caso do Tribunal de Justiça do Maranhão, constatou-se que desde o ano de 2017 a Escola da Magistratura é credenciada e autorizada como instituição formadora em Mediação e Conciliação Judicial através da Portaria ENFAM nº 5/2017.

Em relação aos mediadores e conciliadores judiciais que compõem o quadro dos dois centros de solução de conflitos pesquisados, e correspondem ao número de 09 (nove) mediadores/conciliadores judiciais, verificou-se que todos possuem a formação obrigatória (curso básico); desse número, dois atuam apenas como mediadores/conciliadores, quatro são mediadores, conciliadores e formadores (instrutores) e três realizam pesquisas acadêmicas em nível de mestrado e doutorado na área dos meios adequados de solução de conflitos. O requisito da formação está sendo atendido, inclusive percebeu-se, por parte desses profissionais, um interesse em aprofundamento e educação continuada, haja vista o desenvolvimento de estudos, pesquisas e aperfeiçoamento de 30% desses profissionais na área de conhecimento dos meios adequados de solução de conflitos.

Apesar da formação adequada e qualificada, identificou-se que o fazer desses mediadores e conciliadores judiciais nem sempre atende à essência dos métodos, tendo em vista que o tempo disponibilizado e o número de audiências realizadas, principalmente para aqueles que trabalham com demandas que exigem maior tempo para o seu tratamento, mostram-se incompatíveis.

Dentre os nove mediadores e conciliadores, cerca de 30% respeitam os princípios, as etapas e as técnicas, aproximando-se mais da essência do mecanismo da mediação na realização das suas atividades. As demandas cíveis são aquelas que registraram maior índice de não realização de acordo. Nessas demandas, os mediadores e conciliadores tiveram maior dificuldade em cumprir com as etapas do procedimento, principalmente aquelas em que empresas (bancos, telefonia, planos de saúde) configuram como partes. Outro fator, visto como um complicador, referiu-se a terceiros diante dos conflitos, como advogados e defensores públicos. Observou-se que a maioria das audiências (69% [sessenta e nove por cento]) realizadas sem esses terceiros eram menos formais e detinham uma participação mais efetiva das partes; os mediadores e conciliadores conseguiam aplicar mais técnicas, e as partes demonstravam maior interação.

Percebeu-se que a metodologia escolhida pelo Poder Judiciário do Maranhão, que previlegia a quantidade em detrimento da qualidade, mostra a necessidade de um realinhamento compatível com a essência dos mecanismos de solução de conflitos e com as necessidades da própria sociedade, inclusive com as demandas dos contratos de longa duração. Não há um tratamento personalizado, nem mesmo integral das relações contratuais, incluindo as de longa duração. Não foi possível nem mesmo verificar estatisticamente o número de processos dessa natureza que, de fato, dão entrada no ambiente judicial. O próprio sistema de dados não conseguiu, diante dos parâmetros das Tabelas Processuais Unificadas, conforme a Resolução nº 46 de 18/12/2007 do Conselho Nacional de Justiça, identificar nenhum campo ou atributo que pudesse informar algo sobre esse tipo de demanda (BRASIL, 2007).

Isto é, não foi constatado se houve redução de entradas de processos que tratam dos contratos de longa duração no período de 2018 a 2020 nas 16 Varas Cíveis do Fórum Desembargador Sarney Costa, tendo em vista que o sistema de dados não conseguiu identificar esses processos com as informações inerentes a eles.

O que se pode conhecer sobre os contratos diante do Poder Judiciário do Maranhão corresponde às informações gerais que compreendem todas as demandas contratuais e sem especificações. Isso inviabilizou verificar se houve um declive ou não no ingresso das demandas de contrato de longa duração, de modo que se pudesse configurar como um processo de desjudicialização dessas demandas. No entanto, percebeu-se que os contratantes que desejam um tratamento mais específico devem buscar em outro ambiente.

Cabe enfatizar que o uso dos mecanismos autocompositivos mostrou-se bem distante da metodologia adequada para a resolução e pacificação dos conflitos. Fazer adaptações é coerente, mas deve ser realizado com prudência, para não descaracterizar ou desqualificar um método, uma teoria e a essência de um fazer sistematizado.

5.5.3.2 Ambiente extrajudicial

Na seara extrajudicial, verificou-se um fazer ainda tímido, mas que se desenvolve, principalmente quando se considera o tempo em que a prática de outros mecanismos de solução de conflitos foi introduzida no cenário brasileiro.

Constatou-se que há a existência de cerca de cinco Câmaras de mediação e arbitragem no Estado do Maranhão; dessas, quatro câmaras estão credenciadas junto ao Poder Judiciário do Maranhão, através de inscrição junto ao Núcleo Permanente de Métodos Consensuais do Tribunal de Justiça do Maranhão, para atuarem em parceria com o Tribunal de Justiça, destinando 20% da sua produtividade a atendimento de demandas judicializadas, que devem ser encaminhadas pelos juízes às câmaras privadas. Ultrapassado esse percentual, as câmaras são autorizadas a cobrar os seus honorários para os conflitantes.

No entanto, a forma em que a parceria se realiza deve ser verificada, tendo em vista que as Câmaras de mediação e arbitragem não recebem as demandas do Poder Judiciário, apesar de estarem aptas para receber demandas oriundas do ambiente judicial, e esse tipo de atividade ser regulamentada desde o mês de fevereiro de 2017. Em um lapso temporal de cinco anos, nenhuma demanda foi encaminhada para as Câmaras de mediação e arbitragem.

Identificou-se, ainda, que há uma predominância na utilização dos mecanismos de mediação em relação à arbitragem no período de 2018 a 2020. A primeira é mais utilizada na resolução dos conflitos. Apesar de serem "câmaras de mediação e arbitragem", possuem apenas o percentual de 25% trabalhando com arbitragem; os outros 75% ainda não ofertam esse mecanismo.

Doravante, observou-se através de conversas com os proprietários/medidores/árbitros que há uma tendência a resolver os conflitos pela conciliação. Houve, inclusive, a adaptação do *layout* de uma das câmaras para se introduzir o termo "conciliação", como forma de dar mais visibilidade aos serviços prestados e tornar a linguagem mais próxima do público, pois o termo "conciliação" faz mais parte da realidade das pessoas do que o termo mediação. Aqui talvez tenha uma contribuição da política judiciária do TJMA, uma vez que há um investimento em publicidade na conciliação, o que impacta na aceitação da conciliação em detrimento da mediação.

Em relação à prática propriamente dita, verificou-se que as câmaras realizam mais conciliações do que mediações e que as mediações são mais utilizadas para tratar os conflitos de família. No entanto, há conflitos de família que também são tratados através da conciliação.

No tocante às demandas relativas aos contratos de longa duração, verificou-se a existência de contratantes que utilizam os mecanismos de solução de conflitos extrajudiciais para tratar dessas demandas, e que essa utilização acontece com o fim de evitar que o conflito seja judicializado, atraídos pelo custo-benefício da resolução e/ou pacificação, considerando os valores financeiros que envolvem o conflito, a confidencialidade e a celeridade em relação ao processo judicial.

Outrossim, sobre a possibilidade do direcionamento das demandas processuais relativas aos contratos de longa duração para ambientes extrajudiciais (Câmaras de mediação e arbitragem), verificou-se, como já dito anteriormente, a existência de regulamentação legislativa que permite essa prática, conforme Resolução GP nº 11, de 23 de fevereiro de 2017, e a Resolução GP nº 11, de 4 de abril de 2019, ambas do TJMA (MARANHÃO, 2017; 2019). Essa possibilidade exige, para o momento, apenas a sua efetividade por meio das Varas Cíveis e dos Centros Judiciários de Solução de Conflitos e Cidadania, quando na hipótese de as partes processuais não conseguirem êxito em suas tratativas junto ao Poder Judiciário e se identificar a necessidade de tratar, além das questões objetivas, os interesses que envolvem a relação contratual, isto é, os interesses implícitos, que se apresentam como propulsores das divergências entre os envolvidos.

Ademais, destaca-se que as unidades judiciárias (varas e centros judiciários) poderiam informar às partes sobre a oferta de tratamento extrajudicial dos conflitos contratuais e a possibilidade da remessa dessas demandas processuais para o ambiente extrajudial. Essa prática apresenta como vantagem um tratamento personalizado, célere, com previsibilidade temporal e de custos financeiros para a resolução/pacificação desses conflitos. Tratamento que contrasta com o tratamento ofertado pelo Poder Judiciário a essas demandas, pois este mostra-se lento, imprevisível e mais custoso.

Com essa observação, evidencia-se que cabe ao Núcleo Permanente de Métodos Consensuais do Tribunal de Justiça do Maranhão, órgão político responsável pela implementação da Política Judiciária de Tratamento de Conflitos de Interesses no âmbito do Poder Judiciário maranhense, verificar se as normativas vigentes que tratam da parceria entre Poder Judiciário e Câmaras de mediação e arbitragem estão sendo aplicadas, de que forma se dá essa aplicação e quais os efeitos dessa parceira, através da sua função fiscalizadora.

A sugestão para efetivar o que dispõe a norma consiste em realizar um trabalho junto aos juízes/mediadores/conciliadores, para que possam apresentar aos envolvidos a possibilidade do encaminhamento dessas demandas para as Câmaras de mediação e arbitragem, quando esgotados os esforços da mediação/conciliação judicial na pacificação e/ou resolução das relações contratuais, considerando que o ambiente extrajudicial trata dessas questões de forma mais personalizada que o ambiente judicial; e havendo a aceitação das partes, fazer a remessa para as câmaras de mediação e arbitragem credenciadas.

Sobre as cláusulas escalonadas de mediação e arbitragem, constatou-se que há a aderência a essas medidas contratuais, com vistas a definir previamente a forma de tratamento escalonado, e que conflitos oriundos dessas cláusulas já foram tratados, inclusive com a incidência de 75%, percentual maior do que o apresentado pelo Poder Judiciário, que ficou com o índice de 25%.

Afirmar que as cláusulas escalonadas de mediação e arbitragem configuram mecanismos que contribuem com o fenômeno da desjudicialização das demandas processuais de longa duração seria uma declaração comprometida, mas houve a constatação de que elas já estão presentes no cenário contratual e de resolução/pacificação dos conflitos de São Luis/MA, o que configura como sendo também no Estado do Maranhão.

Inclusive, as cláusulas escalonadas de mediação e arbitragem mostram-se propulsoras do acesso à justiça, uma vez que a sua utilização permite aos contratantes o exercício da autonomia, para que possam fazer escolhas inerentes ao procedimento resolutivo e/ou pacificador para tratarem seus impasses; da decisão informada, a fim de que decidam de modo consciente sobre as circunstâncias e consequências, bem como considerando suas peculiaridades, dinâmicas próprias e possibilidade de adimplemento, o que enseja em uma justiça conforme a necessidade do caso concreto, sob o viés da legalidade. Isto é, promove acesso à justiça, na perspectiva da ordem jurídica justa, defendido por Watanabe (2019, p. 3).

Evidenciou-se que os dados encontrados mostraram haver contratantes adeptos ao tratamento das demandas de contrato de longa duração através das câmaras de mediação e arbitragem, configurando, assim, que o ambiente extrajudicial dispõe de condições atrativas para atender a esse público.

Constatou-se que o ambiente extrajudicial e o judicial funcionam de forma paralela. Ambos têm a finalidade de resolver e pacificar conflitos que, em relação à oferta dos mecanismos adequados de solução de conflitos, ainda se encontram em uma fase de desenvolvimento e que possuem adaptações no seu fazer. As soluções de conflitos realizadas pelo Poder Judiciário estão mais distantes da proposta inicial do tratamento de conflitos, sob a nova perspectiva da concepção positiva do conflito e da própria Resolução nº 125/2010 – CNJ. Esse distanciamento pode ser compreendido devido à sua dinâmica cotidiana estar voltada para o método processual, carecendo da customização dos serviços prestados pelo Tribunal de Justiça do Maranhão à proposta metodológica original dos mecanismos autocompositivos ofertados por ele.

CONCLUSÃO

O Poder Estatal, desde longas datas (século XVII), tem a incumbência de tratar os conflitos sociais. Por longo tempo esse fazer se deu, exclusivamente, por ele. As questões tratadas entre os indivíduos sem a presença estatal para arregimentar as tratativas eram consideradas sem valor jurídico, o que implicava dizer "sem valor nenhum". Para ter validade, tinha que judicializar.

Embora burocrático e rigoroso, o Poder Judiciário buscou implementar medidas que facilitassem o acesso à justiça para todos os cidadãos. As consequências das chamadas "Ondas de acesso à justiça" e da própria evolução da sociedade foi o excessivo demandismo judicial, a morosidade e a ineficácia das decisões, constatando que o Poder Judiciário não conseguia, sozinho, tratar com celeridade e qualidade as demandas da sociedade.

A existência do Poder Judiciário tem como finalidades reconhecer e garantir direitos, resolver e pacificar conflitos. Para que tais finalidades possam ter efetividade, o Poder Judiciário não pode desconsiderar a realidade vigente e as peculiaridades de cada situação. Não deve se prender, excessivamente, à rígida forma da lei, que muitas vezes está distante do cotidiano social, pois não mais contempla as necessidades que vigoram.

As transformações são rápidas, impactantes, desconstroem cenários e constroem novos contextos velozmente. Existe a necessidade de o sistema jurídico acompanhar essas transformações, até porque o direito é produto social. Vive-se em uma sociedade integrada, em que tudo se inter-relaciona; mudar aqui reflete aqui, mas também em outro lugar e envolve ainda outros indivíduos.

Esse cenário volátil, transformador e interligado resultou, na segunda metade do século XX, em reações que mostraram o descontentamento da sociedade com os serviços prestados pelo Poder Judiciário, inclusive os Estados Unidos da América protagonizaram a *"The Pound Conference"*, em San Paul, Minessota, que teve como propósito abordar esse descontentamento e lançar novas ideias, novas possibilidades de tratamento dos conflitos. Havia a necessidade de mudar as estratégias. Um novo direcionamento se fazia necessário e urgente.

A introdução da Teoria do Fórum de Múltiplas Portas é responsável pelo lançamento de um novo modelo de tratamento dos conflitos, uma vez que possibilitou a diversidade da oferta de métodos e da flexibilidade da hegemonia do Poder Estatal, para que outras pessoas, em outros espaços, diferentes do ambiente judicial, possam tratar as controvérsias. Isto é, inaugura-se uma formatação de uma nova realidade ao se introduzir outros métodos, ao se reconhecer outros mecanismos de solução de conflitos (negociação, mediação, práticas colaborativas, abordagem relacional, arbitragem, escalonamento de métodos, etc.) e ao se ampliar os tipos de demandas (demandas da Administração Pública que versem sobre direito patrimonial disponível) que podem ser tratadas pela mediação, pela arbitragem e outros métodos que sejam adequados.

É a partir do contexto da diversidade da oferta de métodos e mecanismos de resolução e pacificação dos conflitos que as pessoas e a própria sociedade transformam a sua concepção sobre o conflito e sobre o modo como ele pode ser tratado. Tem-se que criar um ambiente propício para que haja a predominância da concepção positiva do conflito e, consequentemente, a mitigação da concepção negativa do conflito – até que esta seja banida.

Para as relações contratuais, percebe-se que esse modelo contemporâneo de tratamento dos conflitos se mostra muito atrativo e vantajoso, considerando o contexto peculiar do mundo dos contratos, principalmente para as demandas de longa duração.

As demandas contratuais de longa duração estão sempre passíveis a dirimir impasses com mais frequências do que as outras, de natureza descontinuada e instantânea. Aquelas, devido a uma relação contínua, que exige maior tempo para o adimplemento contratual, ou seja, por um longo prazo, estão sujeitas a vivenciarem situações como: necessidade de reajustamentos, implementação de novas medidas, suspensão, dilatação de prazo para conclusão do objeto, revisão e resolução do contrato.

Sobre essa realidade, apresenta-se significativas vantagens para resolver os impasses contratuais através do escalonamento de métodos, os quais são utilizados de forma sequencial para o tratamento dos conflitos, na perspectiva de definir previamente a forma de tratamento de um possível conflito que possa surgir no curso do contrato.

Partindo do contexto que envolve o dinamismo da sociedade e do próprio direito, inclusive o direito dos contratos, bem como a trajetória do acesso à justiça, sob a perspectiva da ordem jurídica justa e da possibilidade da resolução de controvérsias por meio da combinação de diversos métodos privados, visando de modo cooperativo, autônomo e customizado, atender às necessidades apresentadas ao longo de uma relação contratual, buscou-se resposta para a seguinte pergunta: Em que medida as cláusulas escalonadas de mediação e arbitragem, como estratégia de tratamento dos conflitos, influenciam no acesso à justiça e na desjudicialização das contendas que surgem ao longo de um contrato?

Doravante, as cláusulas escalonadas de mediação e arbitragem influenciam na promoção do acesso à justiça e na desjudicialização, pois mostram ser uma combinação adequada para o tratamento dos conflitos contratuais de longa duração. Isso, porque compõem o modelo contemporâneo de tratamento dos conflitos, haja vista o tratamento acontecer em ambiente extrajudicial, oportunizar um tratamento personalizado, conforme a dinâmica dos contratos, de modo integral, tratando todos os componentes do conflito, desenvolvendo habilidades comunicativas, colaborativas, como também estimulando a empatia e o compromisso mútuo.

Ademais, considerando a hipótese de que a utilização das cláusulas escalonadas de mediação e arbitragem, como mecanismos de solução de controvérsias nas relações contratuais de longa duração, contribuem para o acesso à justiça e impactam no fenômeno da desjudicialização dessas demandas, verifica-se que a utilização dessas cláusulas detém atrativos como celeridade, flexibilidade, previsibilidade, confidencialidade e custo-benefício calculado, que resultam em tratativas ou decisão arbitral que atendam às reais necessidades dos envolvidos, de modo que ainda se configurem justas.

Nesse sentido, cabe enfatizar que, no tocante ao ambiente judicial, obteve-se respostas que demonstraram que esse ambiente não é atrativo para a resolução dos conflitos das relações contatuais de longa duração, pois a dinâmica não está em compatibilidade com a dinâmica dos contratos e difere muito da dinâmica disponibilizada pelo ambiente extrajudicial, inclusive o modo de visualização do Poder Judiciário em relação aos contratos se dá de forma geral, não especifica o tipo de contrato. Para o ambiente judicial, todo tipo de contrato é visto como o contrato em geral, tendo em vista o Sistema de Dados não conseguir identificar um campo ou atributo que gerasse informações sobre a entrada dos processos de contratos de longa duração no período de 2018 a 2020. Apenas os mediadores e conciliadores informaram sobre o recebimento dessas demandas, mas não tinham um número preciso; em média, de uma a três por mês.

Outrossim, defende-se a diversidade da oferta de métodos para que todos os espaços possam ofertá-los, sendo o ambiente judicial e o ambiente extrajudicial, pois não é objetivo dispor sobre qual espaço é melhor que o outro para a resolução das controvérsias, e sim compreender que alguns espaços são mais compatíveis para determinados assuntos e públicos do que outros.

Assim, a adesão dos contratantes às cláusulas escalonadas de mediação e arbitragem é uma realidade. Ela faz parte do contexto das relações contratuais em São Luís/MA, ainda que de forma tímida, mas que de algum modo já deixam seus reflexos, seja apenas entre aqueles que aderiram a elas, seja para o terceiro imparcial que conduzirá o procedimento, ou para o mercado, que dispõe de mecanismos que estão mais próximos à sua dinâmica e realidade.

REFERÊNCIAS

ALMEIDA, Juliana Evangelista de. A evolução histórica do conceito de contrato: em busca de um modelo democrático de contrato. *Revista 99*, São Paulo, 1 abr. 2012. Disponível em: https://ambitojuridico.com.br/cadernos/direito-civil/a-evolucao-historica-do-conceito-de-contrato-em-busca-de-um-modelo-democratico-de-contrato/. Acesso em: 6 abr. 2021.

ALVES, Waldon Volpiceli. *Uma breve história das crises econômicas*. Porto Alegre: Simplíssimo, 2015. E-book.

ARAÚJO, Fernando. *Teoria econômica do contrato*. Coimbra: Almedina, 2007.

ARISTÓTELES. *Ética a Nicômaco*. [S. l.]: Lebooks Editora, 2019. (Coleção Filosofia).

BACELLAR, Roberto Portugal. *Mediação e arbitragem*. São Paulo: Saraiva, 2012.

BARRETO, Maria Isalete dos Santos; THIEL, Meryl. Acesso à justiça e efetividade jurisdicional: o caminhar do estado na busca do fazer justiça desde tempos remotos à pandemia do novo coronavírus – Covid-19. *In:* BARBOSA, Claudia Maria; KNOERR, Fernando Gustavo; SILVA, Juvêncio Borges (coord.). *Acesso à justiça*: política judiciária, gestão e administração da justiça. Florianópolis: Conpedi, 2021.

BERNARDINO, Marcos Felipe Guimarães Fernandes; BENTO, Daniel Freitas Drumond. Viabilidade jurídica e econômica da arbitragem: uma análise econômica do instituto. *In:* Congresso Anual da Associação Mineira de Direito e Economia, 6, 2014, Belo Horizonte. *Anais* (...). Belo Horizonte: AMDE, 2014. Disponível em: http://www.congresso.amde.org.br/index.php/CONGRESSO/VI_AMDE/paper/viewFile/65/35. Acesso em: 16 ago. 2015.

BORGES, Ana Paula Mendes. Arbitragem: um novo caminho para a desjudicialização dos conflitos envolvendo a administração pública. *In:* GUERRA, Doutor Willis (coord.). *O fenômeno da desjudicialização*: uma nova era de acesso à justiça. Rio de Janeiro: Lumen Juris, 2018.

BRASIL. Conselho Nacional de Justiça. *Manual de mediação judicial*: De acordo com a Lei 13.140/15 (Lei de Mediação), a Lei 13.105/15 (Novo Código de Processo Civil) e a Emenda 2 da Resolução 125/10. 6. ed. Brasília, DF: CNJ, 2016. Disponível em: https://www.cnj.jus.br/wp-content/uploads/2015/06/f247f5ce60df2774c59d6e2dddbfec54.pdf. Acesso em: 10 set. 2020.

BRASIL. Conselho Nacional de Justiça. *Recomendação nº 101*, de 12 de julho de 2021. Recomenda aos tribunais brasileiros a adoção de medidas específicas para o fim de garantir o acesso à Justiça aos excluídos digitais. Brasília, DF: CNJ, 2021. Disponível em: https://atos.cnj.jus.br/atos/detalhar/4036. Acesso em: 25 jul. 2021.

BRASIL. Conselho Nacional de Justiça. *Resolução nº 378, de 09 de março de 2021*. Altera a Resolução CNJ nº 345/2020, que dispõe sobre o "Juízo 100% Digital". Brasília, DF: CNJ, 2021. Disponível em: https://atos.cnj.jus.br/atos/detalhar/3773. Acesso em: 15 maio 2021.

BRASIL. Conselho Nacional de Justiça. *Resolução nº 372, de 12 de fevereiro de 2021*. Regulamenta a criação de plataforma de videoconferência denominada "Balcão Virtual." Brasília, DF: CNJ, 2021. Disponível em: https://atos.cnj.jus.br/atos/detalhar/3742. Acesso em: 15 mar. 2021.

BRASIL. Conselho Nacional de Justiça. *Resolução nº 345, de 09 de outubro de 2020*. Dispõe sobre o "Juízo 100% Digital" e dá outras providências. Brasília, DF: CNJ, 2020. Disponível em: https://atos.cnj.jus.br/atos/detalhar/3512. Acesso em: 10 nov. 2020.

BRASIL. Conselho Nacional de Justiça. *Resolução nº 341*, de 07 de outubro de 2020. Determina aos tribunais brasileiros a disponibilização de salas para depoimentos em audiências por sistema de videoconferência, a fim de evitar o contágio pela Covid-19. Brasília, DF: CNJ, 2020. Disponível em: https://atos.cnj.jus.br/atos/detalhar/3508. Acesso em: 10 nov. 2020.

BRASIL. Conselho Nacional de Justiça. *Resolução nº 125*, de 29 de novembro de 2010. Dispõe sobre a Política Judiciária Nacional de tratamento adequado dos conflitos de interesses no âmbito do Poder Judiciário e dá outras providências. Brasília, DF: CNJ, 2010. Disponível em: https://atos.cnj.jus.br/atos/detalhar/156. Acesso em: 10 set. 2019.

BRASIL. Conselho Nacional de Justiça. *Resolução nº 46*, de 18 de dezembro de 2007. Cria as Tabelas Processuais Unificadas do Poder Judiciário e dá outras providências. Brasília, DF: CNJ, 2007. Disponível em: https://atos.cnj.jus.br/atos/detalhar/167. Acesso em: 10 set. 2019.

BRASIL. *Constituição da República Federativa do Brasil de 1988*. Brasília, DF: Presidência da República, [2020]. Disponível em: http://www.planalto.gov.br/ccivil_03/Constituicao/Constituiçao.htm. Acesso em: 10 mar. 2021.

BRASIL. Lei nº 13.105, de 16 de março de 2015. Código de Processo Civil. *Diário Oficial da União*: seção 1, Brasília, DF, 17 mar. 2015c. Disponível em: http://www.planalto.gov.br/ccivil_03/_ato2015-2018/2015/lei/l13105.htm. Acesso em: 12 set. 2020.

BRASIL. Lei nº 13.129, de 26 de maio de 2015. Altera a Lei nº 9.307, de 23 de setembro de 1996, e a Lei nº 6.404, de 15 de dezembro de 1976, para ampliar o âmbito de aplicação da arbitragem e dispor sobre a escolha dos árbitros quando as partes recorrem a órgão arbitral, a interrupção da prescrição pela instituição da arbitragem, a concessão de tutelas cautelares e de urgência nos casos de arbitragem, a carta arbitral e a sentença arbitral, e revoga dispositivos da Lei nº 9.307, de 23 de setembro de 1996. *Diário Oficial da União*: seção 1, Brasília, DF, 27 maio 2015a. Disponível em: http://www.planalto.gov.br/ccivil_03/_ato2015-2018/2015/lei/l13129.htm. Acesso em: 12 set. 2020.

BRASIL. Lei nº 13.140, de 26 de junho de 2015. Dispõe sobre a mediação entre particulares como meio de solução de controvérsias e sobre a autocomposição de conflitos no âmbito da administração pública (...). *Diário Oficial da União*: seção 1, Brasília, DF, 29 jun. 2015b. Disponível em: http://www.planalto.gov.br/ccivil_03/_ato2015-2018/2015/lei/l13140.htm. Acesso em: 12 set. 2020.

BRASIL. Lei nº 14.010, de 10 de junho de 2020. Dispõe sobre o Regime Jurídico Emergencial e Transitório das relações jurídicas de Direito Privado (RJET) no período da pandemia do coronavírus (Covid-19). *Diário Oficial da União*: seção 1, Brasília, DF, 8 set. 2020. Disponível em: http://www.planalto.gov.br/ccivil_03/_ato2019-2022/2020/lei/L14010.htm. Acesso em: 10 nov. 2021.

BRASIL. Lei nº 9.307, de 23 de setembro de 1996. Dispõe sobre a arbitragem. *Diário Oficial da União*: seção 1, Brasília, DF, 24 set. 1996. Disponível em: http://www.planalto.gov.br/ccivil_03/leis/l9307.htm. Acesso em: 12 set. 2020.

BRASIL. Superior Tribunal de Justiça. Escola Nacional de Formação e Aperfeiçoamento de Magistrados. Resolução ENFAM de nº 3, 7 de junho de 2017. Altera a Resolução ENFAM nº 6 de 21 de novembro de 2016, que dispõe sobre os procedimentos de reconhecimento de escolas ou instituições para a realização de cursos de formação de mediadores judiciais. *Diário da Justiça Eletrônico*, Brasília, DF, nº 222, 12 jun. de 2017. Disponível em: https://www.tjsp.jus.br/Download/Conciliacao/Nucleo/Resolucao_ENFAM_03_2017.pdf. Acesso em: 10 set. 2021.

CALMON, Petrônio. *Fundamentos da mediação e da conciliação*. 4. ed. Brasília, DF: Gazeta Jurídica, 2019.

CALMON, Petrônio. Prefácio. *In*: SPENGLER, Fabiana Marion; SPLENGER NETO, Theobaldo. *Mediação, conciliação e arbitragem*: artigo por artigo de com a Lei nº 13.140, Lei 9.307/1996, Lei 105/2015 e com a Resolução nº 125/2010 do CNJ (Emendas I e II). Rio de Janeiro: FGV Editora, 2016. E-book.

CAPPELLETTI, Mauro; GARTH, Bryant. *Acesso à justiça*. Tradução Ellen Gracie. Porto Alegre: Fabris, 1988.

CARDOSO, Letycia. Em meio à pandemia, empresas aumentam faturamento e contratam funcionários. *Extra*, Rio de Janeiro, 21 mar. 2021. Disponível em: https://extra.globo.com/economia-e-financas/em-meio-pandemia-empresas-aumentam-faturamento-contratam-funcionarios-rv1-1-24929367.html. Acesso em: 10 set. 2021.

CARMONA, Carlos Alberto. *Arbitragem e processo*: um comentário à lei nº 9307/96. 3. ed. São Paulo: Atlas, 2009.

CAVACO, Bruno de Sá Barcelos. *Desjudicialização e resolução de conflitos*: a participação procedimental e o protagonismo do cidadão na pós-modernidade. Curitiba: Juruá, 2017.

CHRISPINO, Alvaro; CHRISPINO, Raquel S. P. *A mediação do conflito escolar*. São Paulo: Biruta, 2011.

CINTRA, Antonio Carlos de Araújo; DINAMARCO, Cândido Rangel; GRINOVER, Ada Pelegrini. *Teoria geral do processo*. 31. ed., rev. e ampl. São Paulo: Malheiros Editores, 2015.

COUTO E SILVA, Clóvis V. do *A obrigação como processo*. Rio de Janeiro: Editora FGV, 2006.

CREPALDI, Thiago; VALENTE, Fernanda. Reforma do CPC perdeu oportunidades de melhorar sistema das ações coletivas. *Consultor Jurídico*, São Paulo, 9 jun. 2019. Disponível em: https//www.conjur.com.br/2019-junho-09/entrevista-kasuo-watanabe-advogado. Acesso em: 22 jun. 2020.

DUZERT, Yann; SPINOLA, Ana Tereza Schlaepfer. *Negociação e administração de conflitos*. Rio de Janeiro: FGV Editora, 2018.

FALCÃO, Aileen Raphysa Sauaia. Os métodos adequados à resolução de conflitos e o direito comparado: análise dos sistemas italiano, norte-americano e brasileiro sobre a conciliação, a mediação e a arbitragem. *In:* BONATO, Giovanni (org.). *Os meios de solução das controvérsias*: mediação, conciliação, arbitragem e processo. São Luís: Edufma, 2017.

FERRARI, Lilian. *Introdução à linguística cognitiva*. São Paulo: Contexto, 2018.

FILGUEIRAS, Cassio. Prefácio. *In:* LEDERACH, John Paul. *Transformação de conflitos*. Tradução Tônia Van Acker. São Paulo: Palas Athenas, 2012.

FIORAVANTE, Leonardo Sette Abrantes. A arbitragem como meio adequado e efetivo de acesso à justiça. *In:* HOGEMANN, Edna Raquel Rodrigues Santos; TAVARES NETO, José Querino; NICÁCIO, Camila Silva (coord.). *Acesso à justiça II*. Florianópolis: CONPEDI, 2015. p. 80-95. Disponível em: http://site.conpedi.org.br/publicacoes/66fsl345/8xr5f0t5/EP7ugwtNK8axGhJ6.pdf. Acesso em: 10 set. 2021.

FONSECA, Maria Guadalupe Piragib da. *Iniciação à pesquisa no direito*: pelos caminhos do conhecimento e da invenção. Rio de Janeiro: Elsevier, 2009.

FRANCO, Wanner; NUNES, Edelma. Fundamentos e limitações da arbitragem: um aperfeiçoamento do acesso à justiça. *In:* GUERRA, Doutor Willis (coord.). *O fenômeno da desjudicialização*: uma nova era de acesso à justiça. Rio de Janeiro: Lumen Juris, 2018.

FURTADO, Maria Sueli Viana; DUARTE, Simone Viana. *Trabalho de conclusão de curso (TCC) em ciências sociais aplicadas*. São Paulo: Saraiva, 2014.

GONÇALVES, Tatiana de Oliveira. *Arbitragem em contratos*: análise econômica. 2010. Dissertação (Mestrado em Direito) – Faculdade de Direito Milton Campos, Nova Lima, 2010. Disponível em: http://www3.mcampos.br:84/u/201503/tatianadeoliveiragoncalvesarbitragememcontratosanaliseeconomica.pdf. Acesso em: 10 set. 2021.

GORDON, Robert W. Macaulay. Macneil e a descoberta da solidariedade e do poder no direito contratual. *Revista Direito GV*, São Paulo, v. 5, n. 1, p. 187-202, jan./jun. 2007.

GRINOVER, Ada Pellegrini. Os métodos consensuais de solução de conflitos no novo CPC. *In:* GRINOVER, Ada Pellegrini. *O novo Código de Processo Civil*: questões controvertidas. São Paulo: Atlas, 2015. p. 1-21.

GUILHERME, Luiz Fernando do Vale de Almeida. *Manual dos MESCs*: meios extrajudiciais de solução de conflito. Barueri: Manole, 2016.

GUSTIN, Miracy Barbosa de Sousa; DIAS, Maria Thereza Fonseca. *(Re) pensando a pesquisa jurídica*: teoria e prática. 4. ed. Belo Horizonte: Del Rey Editora, 2015.

HASSE, Djonatnh. Garantia constitucional do acesso à justiça e a efetividade da tutela jurisdicional. *JusBrasil*, São Paulo, 2013. Disponível em: http://djonatanh01.jusbrasil.com.br/artigos/111943370/garantia-constitucional-do-acesso-a-justica-e-a-efetividade-da-tutela-jurisdicional. Acesso em: 10 set.2020.

JEREISSAT, Tasso. *Projeto de Lei nº 1.595, de 2020*. Altera a Lei n° 13.105, de 16 de março de 2015 (Código de Processo Civil), para prever a intimação eletrônica por meio de aplicativo de mensagens multiplataforma. Brasília, DF: Câmara dos Deputados, 2020. Disponível em: https://www.camara.leg.br/propostas-legislativas/2243132. Acesso em: 10 set. 2021.

KROETZ, Maria Candida do Amaral. A mediação em contratos empresariais de longa duração. *In:* BRAGA NETO, Adolfo (org.). *Mediação empresarial*: experiências brasileiras. São Paulo: Editora CLA Cultural, 2019.

LAKATOS, Eva Maria; MARCONI, Marina de Andrade. *Fundamentos de metodologia científica*. 5. ed. São Paulo: Atlas, 2003.

LAKKOF, George; JOHNSON, Mark. *Metáforas da vida cotidiana*. Coordenação de tradução Mara Sophia Zanotto. Campinas: Mercado das Letras; São Paulo: Edu, 2002. (Coleção as Faces da Linguística Aplicada).

LAPORTA, Celeida Maria Celentano. A contemporaneidade das soluções de conflitos *online*. *In:* GUERRA, Doutor Willis (coord.). *O fenômeno da desjudicialização*: uma nova era de acesso à justiça. Rio de Janeiro: Lumen Juris, 2018.

LEDERACH, John Paul. *Transformação de conflitos*. Tradução Tônia Van Acker. São Paulo: Palas Athenas, 2012.

LEVY, Fernanda Rocha Lourenço. *Cláusulas escalonadas*: a mediação comercial no contexto da arbitragem. São Paulo: Saraiva, 2013. E-book.

LIMA, Nísia Trindade; BUSS, Paulo Marchiori; PAES-SOUSA, Rômulo. A pandemia de Covid-19: uma crise sanitária e humanitária. *Cadernos de Saúde Pública*, Rio de Janeiro, v. 36, n. 7, p. 1-4, 2020. Disponível em: http://dx.doi.org/10.1590/0102-311X00177020. Acesso em: 10 jan. 2022.

LUZ, Eduardo Silva; SAPIO, Gabriele. Métodos alternativos de resolução de conflitos e a problemática do acesso a justiça em face da cultura do litígio. *Interfaces Científicas – Direito*, Aracaju, v. 6, n. 1, p. 9-22, out. 2017. Disponível em: https://periodicos.set.edu.br/direito/article/view/4304. Acesso em: 10 jan. 2022.

MAGALHÃES, Ricardo Antonio; GARCIA, July Mesquita Mendes. Efeitos psicológicos do isolamento social no Brasil durante a pandemia de COVID-19. *Revista Científica Multidisciplinar Núcleo do Conhecimento*, São Paulo, ano 6, v. 1, n. 1, p. 18-33, jan. 2021. Disponível em: https://www.nucleodoconhecimento.com.br/psicologia/isolamento-social. Acesso em: 10 set. 2021.

MAIA, Paulo Carneiro. *Da cláusula* rebus sic stantibus. São Paulo: Saraiva, 1959.

MANCUSO, Rodolfo de Camargo. *Acesso à justiça*: condicionantes legítimas e ilegítimas. 3. ed. Salvador: JusPodivm/Revista dos Tribunais, 2019.

MANCUSO, Rodolfo de Camargo. *Acesso à justiça*: condicionantes legítimas e ilegítimas. 3. ed. Salvador: JusPodivm/Revista dos Tribunais, 2018.

MARANHÃO. Tribunal de Justiça. *Gabinete da Presidência. Resolução GP 122019, de 29 de março de 2019*. Altera a Resolução nº 11/2017, que regulamenta o Cadastro de Mediadores e Conciliadores, bem como o Credenciamento de Câmaras Privadas de Mediação e Conciliação no Poder Judiciário do Maranhão. São Luís: TJMA, 2019. Disponível em: https://novogerenciador.tjma.jus.br/storage/portalweb/resoluo_gp_122019_01042019_1035.pdf. Acesso em: 10 dez. 2021.

MARANHÃO. Tribunal de Justiça. Gabinete da Presidência. *Resolução GP 112019, de 23 de março de 2019*. Regulamenta o Credenciamento de Câmaras Privadas Digital de Mediação e Conciliação no Poder Judiciário do Estado do Maranhão.

São Luís: TJMA, 2019. Disponível em: https://novogerenciador.tjma.jus.br/storage/portalweb/resoluo_gp_112019_credenciamento_de_comara_privada_digital_de_mediao_e_conciliao_11042019_1518.pdf. Acesso em: 10 dez. 2021.

MARANHÃO. Tribunal de Justiça. Gabinete da Presidência. *Resolução nº 11, de 21 de fevereiro de 2017*. Regulamenta o Cadastro de Mediadores e Conciliadores, bem como o Credenciamento de Câmaras Privadas de Mediação e Conciliação no Poder Judiciário do Estado do Maranhão. *Diário da Justiça Eletrônico*, São Luís, n. 33, p. 26-30, 23 fev. 2017. Disponível em: https://www.tjma.jus.br/atos/tj/geral/415724/132/pnao. Acesso em: 10 set. 2021.

MARINONI, Luiz Guilherme. O custo e o tempo do processo civil brasileiro. *Jus Navigandi*, Teresina, ano 9, n. 441, 21 set. 2004. Disponível em: https://jus.com.br/artigos/5717. Acesso em: 19 nov. 2019.

MARTINS-COSTA, Judith. *A boa-fé no direito privado*: critérios para a sua aplicação. 2. ed. São Paulo: Saraiva Educação, 2018.

MARTINS-COSTA, Judith; SILVA, Paula Costa e. *Crise e perturbações no cumprimento da prestação*: estudo de direito comparado luso-brasileiro. São Paulo: Quartier Latin, 2020.

MELLO, Marcello Vieira de; CASTRO, Flávia Câmara e. Arbitragem e mediação – cláusulas escalonadas: como funcionam e quando devem ser utilizadas. *Migalhas*, Ribeirão Preto, 2 jan. 2018. Disponível em: https://www.migalhas.com.br/dePeso/16,MI271681,51045. Acesso em: 10 set. 2020.

MEZZAROBA, Orides; MONTEIRO, Cláudia Servilha. *Manual de metodologia da pesquisa no direito*. 5. ed. São Paulo: Saraiva, 2009.

MOORE, Christopher W. *O processo de mediação*: estratégias práticas para a resolução de conflitos. Tradução Magda França Lopes. 2. ed. Porto Alegre: Artmed, 1998.

MORAES, Edmundo Carlos de. Abordagem relacional: uma estratégia pedagógica para a educação científica na construção de um conhecimento integrado. *In*: Encontro Nacional de Pesquisa em Educação em Ciência, 4, 2003, Bauru. Anais (...). Bauru: Abrapec, 2003. Disponível em: https://fep.if.usp.br/~profis/arquivo/encontros/enpec/ivenpec/Arquivos/Orais/ORAL027.pdf. Acesso em: 10 dez. 2021.

MOREIRA, Carolina Xavier da Silveira. *O dever de renegociar em contratos de longa duração*: de acordo com a Lei da Liberdade Econômica à luz da pandemia causada pelo novo Coronavírus (COVID-19) – São Paulo: Editora Liber Ars, 2020.

MOREIRA, Cristiane Fernandes. O surgimento da linguística cognitiva. *In:* Encontro Internacional de Formação de Professores, 9, Fórum Permanente de Inovação Educacional, 10, 2018, Sergipe. *Anais* (...). Aracaju: Unit, 2018. v. 9. p. 1-10. Disponível em: https://eventos.set.edu.br/enfope/article/view/2011/590. Acesso em: 10 set. 2020.

MOREIRA, Danilo José Silva; OLIVEIRA, Vinicius Faustino Lima de; GONÇALVES, Willian Guilherme Lobato. A importância do isolamento social no contexto da pandemia de Covid-19. *In:* SANAR MEDICINA. *Coronavirus*. [S. l.], 28 maio 2020. Disponível em: https://www.sanarmed.com/a-importancia-do-isolamento-social-no-contexto-da-pandemia-de-covid-19. Acesso em: 10 set. 2020.

MULLER, Jean-Marie. *Não violência na educação*. Tradução Tônia Van Acker. São Paulo: Athena, 2006.

MULLER, Jean-Marie. *O princípio da não violência*: uma trajetória filosófica. Tradução Inês Polegato. São Paulo: Palas Athena, 2007.

NAÇÕES UNIDAS BRASIL. *Justiça 4.0 avança nas cinco regiões brasileiras*. Brasília, DF, 4 nov. 2021. Disponível em: https://brasil.un.org/pt-br/156780-justica-40-avanca-nas-cinco-regioes-brasileiras. Acesso em: 10 nov. 2021.

NAÇÕES UNIDAS. Assembleia Geral. *Resoluções aprovadas pela Assembléia Geral*: 53/243: Declaração e Programa de Ação sobre uma Cultura de Paz. [S. l.], 6 out. 1999. Disponível em: http://www.comitepaz.org.br/download/Declaração%20e%20Programa%20de%20Ação%20sobre%20uma%20Cultura%20de%20Paz%20-%20ONU.pdf. Acesso em: 10 nov. 2021.

NOLETO, Marlova Jovchelovitch. *Cultura de paz*: da reflexão à ação: balanço da década internacional da promoção da cultura de paz e não violência em benefício das crianças do mundo. Brasília, DF: UNESCO; São Paulo: Associação Palas Athena, 2010.

ORIGEM DA PALAVRA. [S. l.], 2021. Conflito. Disponível em: https://origemdapalavra.com.br/palavras/conflito/. Acesso em: 10 set. 2021.

PALMA, Rodrigo Freitas. *História do direito*. 8. ed. São Paulo: Saraiva Educação. 2019.

PEREIRA, Paulo Sérgio Velten. *A exceção do contrato não cumprido fundada na violação de dever lateral*. 2008. 213 f. Dissertação (Mestrado em Direito) – Pontifícia Universidade Católica de São Paulo, São Paulo, 2008.

PEREIRA, Paulo Sérgio Velten. *Contratos*: tutela judicial e novos modelos decisórios. Curitiba: Juruá, 2018.

PERLINGIERI, Pietro. *Perfis do direito civil*: uma introdução ao Direito Civil Constitucional. Tradução Maria Cristina de Cicco. 3. ed., rev. e ampl. Rio de Janeiro: Renovar, 2002.

RIOS, Zoe. *A mediação de conflitos no cenário escolar*. Belo Horizonte: RHJ, 2012.

ROCHA, Pedro Cavalcanti de Almeida. *Extensão da convenção arbitral aos contratos conexos*. Salvador: JusPodivm, 2020.

RODRIGUES, Luiz Felipe Ribeiro. *Os contratos cativos de longa duração e o direito intertemporal*: equilíbrio nas relações contratuais com base na teoria dos contratos incompletos. 2010. 92 f. Dissertação (Mestrado em Direito) – da Faculdade Milton Campos, Belo Horizonte, 2010. Disponível em: http://www3.mcampos.br:84/u/201503/luizfeliperibeiroerodriguescontratoscativoslongaduracaodireitointertemporal.pdf. Acesso em: 10 mar. 2022.

ROPPO, Enzo. *O contrato*. Coimbra: Almedina, 2009.

ROPPO, Enzo. *O contrato*. Tradução Ana Coimbra, M. Januário C. Gomes. Porto: Almedina, 1947.

SALES, Lilia Maia de Morais; SOUSA, Mariana Almeida de Sousa. O sistema de múltiplas portas e o judiciário brasileiro. *Revista de Direitos Fundamentais & Justiça*, Belo Horizonte, ano 5, b. 6, p. 204-220, jul./set. 2011.

SANTOS, Boaventura de Sousa. *Para uma revolução democrática de justiça*. 3. ed. São Paulo: Cortez, 2014.

SCHREIBER, Anderson. Devagar com o andor: coronavírus e contratos importância da boa-fé e do dever de renegociar antes de cogitar de qualquer medida terminativa ou revisional. *Migalhas*, São Paulo, 23 mar. 2020. Disponível em: https://www.migalhas.com.br/coluna/migalhas-contratuais/322357/devagar-com-o-andor--coronavirus-e-contratos--importancia-da-boa-fe-e-do-dever-de-renegociar-antes-de-cogitar-de-qualquer-medida-terminativa-ou-revisional. Acesso em: 5 dez. 2020.

SCHREIBER, Anderson. *Equilíbrio contratual e dever de renegociar*. 2. ed. São Paulo: Saraiva Educação, 2020.

SPENGLER, Fabiana Marion. *Mediação de conflitos*: da teoria à prática. 3. ed. rev. e ampl. Porto Alegre: Livraria do Advogado, 2021.

SPLENGER, Fabiana Marion. *Da jurisdição à mediação*: por uma outra cultura no tratamento de conflitos. 2. ed. Ijuí: Editora da Unijuí, 2016. (Coleção Direito, Política e Cidadania, 21).

STOLZE, Pablo; OLIVEIRA, Carlos E. Elias de. Continuando os comentários à "Lei da Pandemia" (Lei nº 14.010, de 10 de junho de 2020 – RJET): análise dos novos artigos. *Revista Jus Navigandi*, Teresina, ano 25, n. 6279, 9 set. 2020. Disponível em: https://jus.com.br/artigos/85303. Acesso em: 17 mar. 2021.

SUASSURE, Ferdinand. *Curso de linguística geral*. Organização Charles Bally, Sechehaye. Tradução Antonio Chelini, José Paulo Paes, Izidoro Blikstein. 27. ed. São Paulo: Cutrix, 2006.

SUETUGO, Isabela Moreira; CARVALHO, Paula Bavaresco. Até que ponto Brasil e o mundo se beneficiam de medidas de isolamento mais rígidas? *Revista Científica Multidisciplinar Núcleo do Conhecimento*, São Paulo, ano 5, v. 1, n. 8, p. 87-105, ago. 2020. Disponível em: https://www.nucleodoconhecimento.com.br/saude/medidas-de-isolamento. Acesso em: 10 set. 2021.

TARTUCE, Flávio. O coronavírus e os contratos: extinção, revisão e conservação: boa-fé, bom senso e solidariedade. *Migalhas*, São Paulo, 27 mar. 2020. Disponível em: https://www.migalhas.com.br/coluna/migalhas-contratuais/322919/o-coronavirus-e-os-contratos-extincao-revisao-e-conservacao-boa-fe-bom-senso-e-solidariedade. Acesso em: 10 dez. 2020.

TEIXEIRA, Bruno Barreto de Azevedo. *A aplicação e interpretação das cláusulas escalonadas de resolução de disputas no âmbito do direito do comércio internacional*. 2010. Monografia (Graduação em Direito) – Pontifícia Universidade Católica do Rio de Janeiro, Rio de Janeiro, 2010.

THEODORO JÚNIOR, Humberto. Apresentação. *In:* WATANABE, Kasuo. *Acesso à ordem jurídica justa*: conceito atualizado de acesso à justiça, processos coletivos e outros estudos. Belo Horizonte: Del Rey, 2019.

TIMM, Luciano Benetti. *Arbitragem nos contratos empresariais, internacionais e governamentais*. Porto Alegre: Livraria do Advogado Editora, 2009.

TIMM, Luciano Benetti. *Direito contratual brasileiro*: críticas e alternativas ao solidarismo jurídico. 2. ed. São Paulo: Atlas, 2015.

TORRES, Jasson Ayres. *O acesso à justiça e soluções alternativas*. Porto Alegre: Livraria do Advogado, 2005.

URY, Willian L; BRETT, Jeane M; GOLDEBERG, Sthephen B. *Como resolver las disputas*. Santa Fe: Rubinzal-Culzoni, 1995.

VIEIRA, Isabel Maria de Carvalho. *A violência e a guerra*: uma abordagem sócio- psicanalista. Brasília, DF: UNB, 2007

WARAT, Luis Alberto. *Surfando na pororoca*: o ofício do mediador. Florianópolis: Fundação Boiteux, 2004.

WATANABE, Kasuo. *Acesso à ordem jurídica justa*: conceito atualizado de acesso à justiça, processos coletivos e outros estudos. Belo Horizonte: Del Rey, 2019.

XAVIER, José Tadeu Neves. *A nova dimensão dos contratos no caminho da pós-modernidade*. 2006. 339 f. Tese (Doutorado em Direito) – Universidade Federal do Rio Grande do Sul, Porto Alegre, 2006. Disponível em: https://lume.ufrgs.br/handle/10183/13169. Acesso em: 10 mar. 2022.

ZIRMMERMANN, Reinhard. Direito romano e cultura europeia. Tradução Otavio Luiz Rodrigues Júnior. *Revista de Direito Civil Contemporâneo*, São Paulo, v. 7, p. 1-14, abr./jun. 2016. Disponível em: http://www.mpsp.mp.br/portal/page/portal/documentacao_e_divulgacao/doc_biblioteca/bibli_servicos_produtos/bibli_boletim/bibli_bol_2006/RDCivCont_n.7.11.PDF. Acesso em: 7 set. 2021.

APÊNDICE A

PESQUISA ACADÊMICA SOBRE "AS CLÁUSULAS ESCALONADAS DE MEDIAÇÃO E ARBITRAGEM"

Pesquisa acadêmica sobre "As cláusulas escalonadas de mediação e arbitragem"
Programa de Pós-Graduação em Direito e Instituições do Sistema de Justiça
Pesquisadora: Maria Isalete dos Santos Barreto

As cláusulas escalonadas de mediação e arbitragem têm como objetivo apresentar no contrato a forma em que, na hipótese de um conflito, qual o método a ser utilizado para resolução do conflito. Ela já vem descrita no contrato. Os contratantes concordam com a forma de tratamento a ser utilizada desde a construção do contrato. Essas cláusulas são mais utilizadas em contratos de longa duração.

Nesse sentido, gostaria de compreender como as atividades nas câmaras de mediação e arbitragem são realizadas. Conto com a sua colaboração.

1) Qual o índice mensal de entrada de demandas relativas à mediação?

Gráfico 1 – Índice mensal da entrada de demandas relativas à mediação

Fonte: Elaborado pela autora (2021).

2) Quantas mediações foram realizadas no período de 2018 a 2020?

Gráfico 2 – Mediações realizadas no período de 2018 a 2020

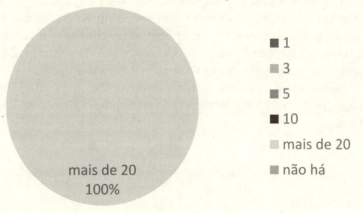

Fonte: Elaborado pela autora (2021).

3) Qual o índice mensal de entradas de demandas relativas à arbitragem?

Gráfico 3 – Índice mensal da entrada de demandas relativas à arbitragem

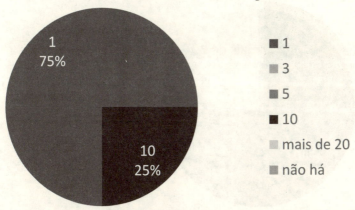

Fonte: Elaborado pela autora (2021).

4) Quantos procedimentos de arbitragem foram realizados no período de 2018 a 2020?

Gráfico 4 – Procedimentos de arbitragem realizados no período de 2018 a 2020

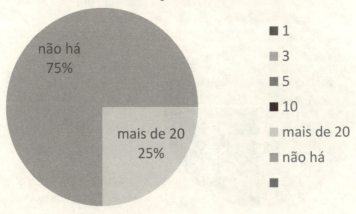

Fonte: Elaborado pela autora (2021).

5) As demandas tratadas pelo mecanismo da mediação versavam sobre as relações contratuais de longa duração?

Gráfico 5 – As demandas tratadas pelo mecanismo da mediação versavam sobre as relações contratuais de longa duração?

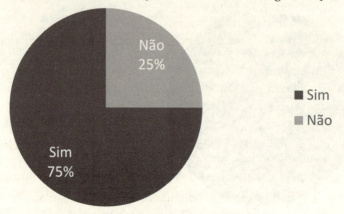

Fonte: Elaborado pela autora (2021).

6) As demandas tratadas pelo mecanismo da arbitragem versavam sobre as relações contratuais de longa duração?

Gráfico 6 – As demandas tratadas pelo mecanismo da arbitragem versavam sobre as relações contratuais de longa duração?

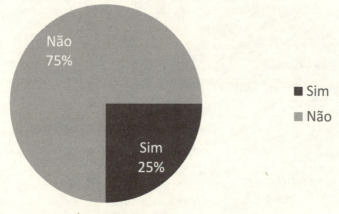

Fonte: Elaborado pela autora (2021).

7) Quais as demandas que possuem o maior índice de tratamento pela mediação?
Quatro respostas
Trabalhistas, familiar, contratos e empresarial.
Consumidor.
Cíveis, consumo, família.
Âmbitos trabalhista e família.

8) Quais as demandas que possuem o maior índice de tratamento pela arbitragem?
Quatro respostas
Não trabalhamos com arbitragem, no momento.
Nenhuma.
Contratuais.

9) Já houve alguma demanda oriunda de cláusula escalonada de mediação e arbitragem?

Gráfico 7 – Houve demanda oriunda de cláusula escalonada de mediação e arbitragem?

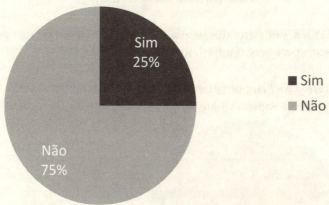

Fonte: Elaborado pela autora (2021).

10) Se a resposta anterior for sim, diga se a demanda era relativa à relação contratual de longa duração.

Gráfico 8 – Se a resposta anterior for sim, diga se a demanda era relativa à relação contratual de longa duração

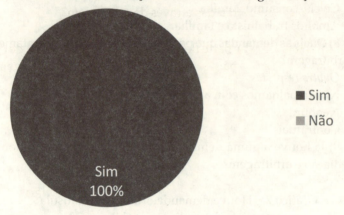

Fonte: Elaborado pela autora (2021).

11) Há, por parte dos juízes, o encaminhamento de demandas processuais para serem tratadas através da mediação?

Gráfico 9 – Há, por parte dos juízes, o encaminhamento de demandas processuais para serem tratadas através da mediação?

Fonte: Elaborado pela autora (2021).

12) Se a resposta anterior for sim, com qual frequência é feito o encaminhamento de demandas para a mediação?
Nenhuma resposta.
Ainda não há respostas para esta pergunta.
13) Há, por parte dos juízes, o encaminhamento de demandas processuais para serem tratadas através da arbitragem?

Gráfico 10 – Há, por parte dos juízes, o encaminhamento de demandas processuais para serem tratadas através da arbitragem?

Fonte: Elaborado pela autora (2021).

14) Se a resposta anterior for sim, com qual frequência é feito o encaminhamento de demandas para a arbitragem?
Nenhuma resposta.
Ainda não há respostas para esta pergunta.

APÊNDICE B

PESQUISA DIRECIONADA PARA OS MEDIADORES E CONCILIADORES JUDICIAIS SOBRE AS DEMANDAS DE CONTRATOS DE LONGA DURAÇÃO

Pesquisa direcionada para os mediadores e conciliadores judiciais sobre as demandas de contratos de longa duração

Programa de Pós-Graduação em Direito e Instituições do Sistema de Justiça

Pesquisadora: Maria Isalete dos Santos Barreto

Informações pertinentes: as demandas de relação contratual de longa duração se referem aos contratos entre pessoas jurídicas, que possuem uma duração de um, dois, três, cinco, dez anos.

Exemplo: construtora contratada por outra empresa para a construção ou reforma de um empreendimento; empresas que são fornecedoras de outras empresas e que celebram contrato por dois, três, cinco ou dez anos.

1) Você já realizou sessão de mediação ou audiência de conciliação sobre relação contratual de longa duração?

Gráfico 11 – Você já realizou sessão de mediação ou audiência de conciliação sobre relação contratual de longa duração?

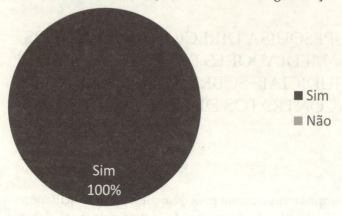

Fonte: Elaborado pela autora (2021).

2) Sendo a resposta anterior positiva, em média, quantas você já realizou por mês?

Gráfico 12 – Sessão de mediação ou audiência de conciliação sobre relação contratual de longa duração realizadas por mês

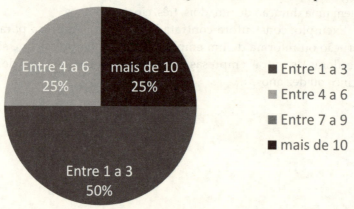

Fonte: Elaborado pela autora (2021).

3) Sendo a primeira resposta positiva, o método utilizado foi?

Gráfico 13 – Método utilizado nas sessões de mediação ou audiência de conciliação sobre relação contratual de longa duração

Fonte: Elaborado pela autora (2021).

4) O resultado do procedimento é, na maioria das vezes, ...

Gráfico 14 – Resultado dos procedimentos

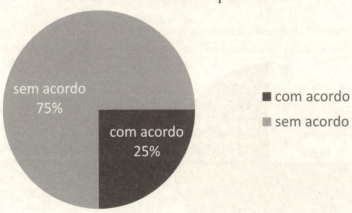

Fonte: Elaborado pela autora (2021).

ANEXO A

LEVANTAMENTO DE DADOS PARA PESQUISA DE MESTRADO (RELAÇÕES CONTRATUAIS) – TODAS AS VARAS CÍVEIS DE SÃO LUÍS

Tribunal de Justiça do Estado do Maranhão
Diretoria de Informática
CSI - Divisão de Sistemas de Informação

Relatório sintético (ano): Levantamento de dados para pesquisa de Mestrado (Relações Contratuais) - todas as varas cíveis de São Luís
Total: 55746 registros
De Jan de 2018 a Dez de 2020
Consulta realizada em 18/01/2022 - 08:50

Comarca	Sistema	Classe	Ano	Total de Feitos Distribuídos
SÃO LUÍS	Pje	PROCEDIMENTO COMUM CÍVEL	2.018	17.907
SÃO LUÍS	Pje	PROCEDIMENTO COMUM CÍVEL	2.019	18.175
SÃO LUÍS	Pje	PROCEDIMENTO COMUM CÍVEL	2.020	19.664
SÃO LUÍS	Pje	PROCEDIMENTO COMUM CÍVEL	Total: 2018-2020	55.746

Fonte: Dados da pesquisa (2021) a partir do DSI.

Esta obra foi composta em fonte Palatino Linotype, corpo 10
e impressa em papel Pólen Bold 70g (miolo) e Supremo 250g
(capa) pela Paulinelli Serviços Gráficos.